MADRE DE DIOS Y MADRE NUESTRA

ANTONIO OROZCO

MADRE DE DIOS Y MADRE NUESTRA

Iniciación a la Mariología

Duodécima edición

EDICIONES RIALP
MADRID

© 1996 *by* Antonio Orozco Delclós
© 2025 *by* EDICIONES RIALP, S. A.
Manuel Uribe 13-15, 28033 MADRID
(www.rialp.com)

Primera edición: febrero 1996
Duodécima edición: marzo 2026

ISBN (edición impresa): 978-84-321-7319-6
ISBN (edición bajo demanda): 978-84-321-7320-2
Depósito legal: M-251-2026
Impreso en Service Point, Madrid

ÍNDICE

7

PRINCIPALES DOCUMENTOS MARIANOS DEL MAGISTERIO DE LA IGLESIA
(Con las siglas utilizadas en esta obra)

AV	León Xlll, Encycl. *Augustissimae Virginis* ASS 30, 129
CEC	*Catecismo de la Iglesia Católica.* Madrid 1992.
CR	Pío XII, *Ad Caeli Reginam,* de 11-X-1954
DI	Pío X, *Ad diem illum,* 2-II-1904.
DS	Denzinger-Schönmetzer, *Enchriridium Symbolorum definitionum et declarationum de rebus fidei et morum,* editio XXXVI Herder, Romae 1976
DV	Concilio Vaticano II, Const. *Dei Verbum.*
FC	Pío XII, Enc. *Fulgens corona,* 8-lX-1953.
InD	Pío IX, Bula dogmática *Ineffabilis Deus,* 8-XII-1854.
LG	Concilio Vaticano II, Const. *Lumen Gentium*
LV	Pío XI, Enc. *Lux veritatis,* 25-XII-1931
MC	Pablo VI, *Marialis cultus,* 2-II-1974
MD	Juan Pablo II, *Mulieris dignitatem*
MDM	León XIII, Enc. *Magnae Dei Matris,* 8-IX-1892
RC	Juan Pablo II, *Redemptoris Custos,* 15-VIII-1989
RH	Juan Pablo II, *Redemptor hominis,* 4-III-1979.
RM	Juan Pablo II, Encíclica *Redemptoris Mater,* 25-III-1987
SM	Pablo VI, *Signum magnum,* 13-V-67

13

INTRODUCCIÓN

«La teología ha ideado en los siglos pasados una sentencia que resume el amor de los cristianos a la Madre de Dios: *de Maria, nunquam satis,* nunca podremos excedernos en hablar y escribir sobre la dignidad de la que dio su carne y su sangre a la Segunda Persona de la Trinidad Santísima. Hago mía una vez más esa expresión, mientras redacto estas páginas [...]»

(San Josemaría Escrivá de Balaguer,
La Virgen del Pilar, Zaragoza 1976)

La fe católica es cristocéntrica. Cristo Jesús, Segunda Persona de la Santísima Trinidad, es principio y fin, alfa y omega, el gran *pontífice* que ha restablecido la unión del hombre con Dios mediante su encarnación, vida, pasión, muerte, resurrección y ascensión a los cielos. Así ha roto las cadenas que nos hacían esclavos de nuestras pasiones —desordenadas por el pecado—; del demonio, que por el pecado ejerce cierto poder sobre el pecador; y de la muerte, que es la consecuencia más dramática de la ruptura con Dios que el pecado causa. A la vez, Jesucristo nos ha merecido una elevación (por participación) a la vida divina —esto es, a la vida de la Gracia, con las virtudes sobrenaturales, los dones y frutos del Espíritu Santo—, más elevada e íntima que aquella que gozaron nuestros primeros padres en el paraíso. Jesucristo, de un modo que no hubiéramos podido soñar, nos ha hecho hijos de Dios y nos

15

ha abierto las puertas del Cielo. La Redención, pues, de hecho, no es sólo «rescate» de la esclavitud que implica el pecado, sino «justificación», «santificación».

La misericordia divina resplandece en la encarnación del Verbo y en toda su obra salvífica. Sólo Cristo, perfecto Dios y perfecto hombre, es mediador perfecto entre Dios y los hombres, capaz de unir en Él, Dios a los hombres y los hombres a Dios. Según la conocida expresión de San Pablo: «Hay un solo Dios, y también un solo mediador entre Dios y los hombres, Cristo Jesús, hombre también»[1]. Pero Cristo Jesús no es un «mediador solitario». Así como Dios es el único Bueno[2], por Esencia, pero hace partícipes de su bondad a todas sus criaturas en diferentes grados y modos, así también ha querido hacer partícipes de su mediación a los hombres. Jesucristo, siendo el único Redentor, ha querido asociar a todos los hombres a tomar parte activa en su obra salvífica[3], al extremo de que podamos llamarnos, legítimamente, *corredentores* con Cristo.

De manera singular y sublime, Jesús ha querido unir a su ser y a su misión de Hombre Salvador a la Virgen María, Madre suya por obra del Espíritu Santo. En la actual economía de la Redención, ya no puede entenderse cabalmente la salvación realizada por Cristo, sin la singular presencia activa de la Virgen María, Madre de Dios y Madre nuestra, adornada por el Creador con privilegios extraordinarios, que vamos a resumir aquí. María ha sido singular y «valerosa solidaria» de la obra redentora de Cristo Jesús[4].

---

[1] Tim 2, 5. • [2] Cfr. Mt 19, 17. • [3] Cfr. LG, n. 60.
[4] Juan Pablo II, *Alocución*, Turín, 13-IV-1980.

Ella en modo alguno nos puede alejar de Cristo. Al contrario, «nadie en la historia del mundo ha sido más cristocéntrico, más *cristo-foro* (portador de Cristo) que Ella. Nadie ha sido más semejante a Cristo, no sólo con la semejanza natural de la madre con el Hijo, sino con la semejanza del Espíritu y de la santidad»[5].

Dios podía salvarnos de diversas maneras. Quiso hacerlo —y la Iglesia reconoce que hay poderosas razones para ello— del mejor modo posible. Quiso asumir nuestra condición humana —salvo el pecado— y *nacer de mujer*. La respuesta de María fue en todo libérrima y por eso puede participar meritoriamente en todo lo largo y lo ancho del misterio de la redención y santificación de la humanidad.

Como es lógico, la primera edición del presente libro fue elaborada básicamente bajo la inspiración del extenso y vigoroso Magisterio de Juan Pablo II. En esta novena edición hemos procurado recoger los textos más significativos del Magisterio de Benedicto XVI —también los anteriores a su elevación a la cátedra de Pedro— hasta la fecha (6 de enero de 2008) relativos a lo aquí tratado. Hemos ampliado un poco —no todo lo que desearíamos— los temas *Maternidad espiritual de María*, *«Corredención»* y *Culto a la Madre de Dios*. Hemos procurado explicar mejor algunos puntos particulares y confío en que haya sido para una mejor comprensión del misterio mariano. Me hubiera gustado haber añadido un capítulo específico sobre la relación entre María y la Iglesia: el espacio disponible no lo ha per-

---

[5] Juan Pablo II, *Homilía en la Basílica de Santa María la Mayor*, Roma, 8-XII-1980.

mitido. Espero una ulterior ocasión y que los interesados acudan a la buena bibliografía de estos últimos lustros, que fácilmente puede encontrarse, sobre todo en los textos de Juan Pablo II y Benedicto XVI, tan asequibles ahora por medio de Internet (www.vatican.va)

El autor

Capítulo I

LA MATERNIDAD DIVINA DE MARÍA VIRGEN

Un poco de historia

En el siglo V, a los cristianos de Oriente ya les resultaba bastante familiar la palabra *Theotókos,* que significaba «aquella que ha engendrado a Dios», es decir, Deípara o Madre de Dios. El patriarca de Constantinopla era a la sazón Nestorio (año 428). Sabía que no se trataba de una nueva versión de las teogonías o fábulas paganas en las que ciertos personajes se convertían en «diosas» o «dioses»; nada más ajeno al pensamiento cristiano, incluido el de aquella época. Su problema era más complicado. Nestorio creía que el Cristo era *un sujeto* humano, *unido pero distinto* al Verbo; un hombre extraordinario, unidísimo a la Divinidad, pero no verdadero Dios. María podía ser llamada *Cristotókos,* Madre del Cristo; pero, de ningún modo, *Theotókos.*

Hacía un siglo, el Concilio de Nicea, año 325, había proclamado al Logos, «consubstancial» con el Padre (Dios Eterno). Nestorio no podía concebir que una mujer pudiera engendrar y alumbrar al Logos hecho hombre. No cabe minimizar la dificultad desde una perspectiva meramente racional, pero la fe recibida de la Iglesia así lo requería, el pueblo fiel lo creía firmemente y advertidos el Papa Celestino y San Cirilo, confirmaron la verdad cristológica: el Logos del Padre, Segunda Persona de la Trinidad, consubstancial al Padre, ha asumido una naturaleza humana, de modo que, sin dejar de ser lo que era, se hizo lo que no era. Para despejar cualquier duda posible, se convocó un nuevo Concilio, el de Éfeso, año 431.

Hacia la inteligibilidad del misterio

Pero antes de adentrarnos en las definiciones del Magisterio sobre el misterio de Cristo y de la Maternidad divina, es conveniente que nos acerquemos a su *inteligibilidad*, esclareciendo dos conceptos que hemos de utilizar necesariamente para comprender tanto la unidad de Cristo como la maternidad divina de María: se trata de los conceptos de «naturaleza» y de «persona».

Que María sea Madre de Dios implica otro misterio elevadísimo, quizá el de más difícil comprensión para los hombres: el de la Encarnación del Verbo, por la cual, la Segunda Persona de la Santísima Trinidad asumió una naturaleza humana formada en el seno de María Virgen, de manera que el hombre así concebido es hombre verdadero, pues verdaderamente humana es la naturaleza creada que asumió y posee, sin dejar por ello de ser Dios. Aunque no sea *comprensible* o abarcable por la humana razón, este misterio es *inteligible*, no se opone a la luz de nuestro intelecto, aunque la supere infinitamente.

El misterio cristológico. Naturaleza y persona

Después de las controversias de los primeros siglos sobre el ser de Cristo, para expresar el misterio del Dios-Hombre, la Iglesia se ha servido de las palabras que traducimos al castellano por «naturaleza» y «persona». No son términos sinónimos: designan principios *realmente* distintos, aunque de hecho no haya naturaleza humana sin que esté dotada de «personeidad», ni persona (humana) que no posea una naturaleza (humana). Nuestra lengua refleja muy certeramente esa distinción, confirmando que no se trata de una sutileza fabricada artificiosamente para explicar algo esotérico o inextricable. En efecto: no es lo mismo preguntar con la palabra «qué» que con la palabra «quién».

—Tú, ¿*qué* eres?

La respuesta puede ser:

—Yo soy hombre. Es decir, soy un individuo de la especie humana; tengo una naturaleza humana, soy humano.

Y ahora una pregunta distinta:

—Tú, ¿*quién* eres?

Una respuesta justa sería:

—Yo soy Pedro. Es decir, en rigor «yo» no soy ante todo un «qué», soy un «quién»; no soy «algo», soy «alguien». Más bien «tengo» una «naturaleza» y «soy» una «persona».

Las consideraciones metafísicas pertinentes, podrían complicar mucho nuestro discurso, pero es fácil entender que no es lo mismo un «qué» que un «quién», no es lo mismo lo que llamamos «naturaleza», que lo que llamamos «persona». Esta distinción es absolutamente necesaria para entender que no es absurdo ni imposible que una naturaleza humana pueda pertenecer a una persona no humana.

La persona es el sujeto necesario de cualquier naturaleza humana individual. No es pensable lo contrario. Pero sí es pensable, en cuanto nos lo sugiere la Revelación, que Dios pueda crear una naturaleza humana de tal modo que el «yo» de esa naturaleza, es decir, el sujeto que la tiene y sostiene, sea un «Yo» divino, es decir, una de las Personas de la Santísima Trinidad. Es éste un misterio verdaderamente inabarcable. No hubiéramos podido imaginar que Dios —el Dios único, creador y trascendente— pudiera hacer y querer una cosa así; pero una vez sabido, no repugna a la razón. Repugnaría, si naturaleza y persona fueran términos sinónimos. Contradictorio sería que una naturaleza humana fuera a la vez divina o viceversa. Pero no lo es que una Persona divina, sin dejar de ser Dios, es decir, sin dejar de poseer la naturaleza divina, venga a tomar posesión de una naturaleza humana hasta el punto de que Él mismo se haga Sujeto de esa humanidad.

La fe católica enseña que Dios, a la vez que formó una naturaleza humana en el seno inmaculado de María, se hizo Sujeto del hombre concebido en María por obra del Espíritu Santo. De manera que, desde el instante en que la Virgen dijo «fiat», El Verbo pudo decir: «este hombre soy Yo». Jesús, engendrado por obra del Espíritu Santo, es verdadero hombre porque tiene una naturaleza real y perfectamente humana. Y es verdadero Dios, porque la persona que sustenta esa naturaleza no es otra que la del Verbo. El Verbo —Dios eterno—, misteriosamente, viene a ser hombre: uno de nuestra misma especie, alguien con una naturaleza igual a la nuestra (salvo el pecado), pero con una singularidad irrepetible: ese hombre es el Verbo. El «yo» de ese hombre, Jesús, es el «Yo» divino del Verbo.

La persona no es el cuerpo, ni el alma; ni el cuerpo y el alma unidos. Cuerpo y alma componen la naturaleza humana, hacen a un hombre perfecto y completo. Pero decir *persona* es decir más que hombre perfecto: es decir sujeto irreductible, independiente, autónomo respecto a cualquier otro; del que predicamos la generación, la concepción, el nacimiento, la filiación. En este sentido, el «sujeto» de Jesús, o, más exactamente, el «sujeto» llamado Jesús, hijo de María, es verdaderamente el Verbo.

En Cristo, pues, *no hay persona humana*, lo que no obsta para que su naturaleza humana sea perfecta: tiene todas las perfecciones que tiene o puede tener cualquier naturaleza humana. También está sostenida, actualizada, vivificada, por una persona, con la particularidad de que ésta es la Segunda de la Santísima Trinidad. María engendró, por obra del Espíritu Santo, a un verdadero hombre que era, desde el primer instante de su existencia, verdadero Dios.

Que María es Madre del hombre Jesús, no tiene duda, por la sencilla y contundente razón de que le da todo lo que una madre da a su hijo. Pero es preciso añadir enseguida: el «quién» de Jesús es el de la Segunda Persona de la Trinidad. Ahora bien, las verdaderas madres lo son del hijo completo, es decir, de la naturaleza y de la persona. Es lógico, porque persona y naturaleza son realidades distintas, pero *no separables*. De ahí que justa y verdaderamente se llame a María Madre de Dios, por haber engendrado la naturaleza humana de Jesús, cuya persona es divina. Volvamos a decir: María da a Jesús —es decir, a Dios Hijo— todo lo que una madre da a su hijo. Ella es, pues, sin lugar a dudas y en un sentido propio, Madre de Dios Hijo.

Esta explicación encaja perfectamente con la formulación católica del dogma, definido por la Iglesia en el Concilio de Éfeso (año 431) frente a los errores de Nestorio: «la Santa Virgen es Madre de Dios, pues dio a luz carnalmente al Verbo de Dios hecho carne» [1]. El Concilio de Calcedonia enseñó que Cristo fue «engendrado de María Virgen, Madre de Dios, en cuanto a la humanidad» [2]. Y añade que no puede llamarse a «la Virgen María Madre de Dios en sentido figurado» [3], hay que afirmarlo en sentido propio.

A lo largo de la Historia de la Iglesia, el Magisterio, sin cesar, ha ido saliendo al paso de los distintos errores acerca del misterio de la Maternidad divina, afirmando, entre otras cosas, que Jesucristo:

—«El Hijo de Dios... trabajó con manos de hombre, pensó con inteligencia de hombre, obró con voluntad de hombre, amó con corazón de hombre. Nacido de la Virgen María, se hizo verdaderamente uno de nosotros, en todo semejante a nosotros, excepto en el pecado» [4].

—«Ni tomó un cuerpo celeste que pasó por el seno de la Virgen a la manera que el agua transcurre por un acueducto» [5], como pensaban los gnósticos;

—«De la Virgen nació su cuerpo sagrado (el de Cristo), dotado de alma racional, al cual se unió *hipostáticamente* el Verbo de Dios» [6].

---

[1] DS 252. • [2] DS 301 • [3] DS 427.

[4] CEC, 470. Cfr. GS 22, 2; Concilio de Éfeso, *Carta II de San Cirilo a Nestorio*, año 431; Concilio de Calcedonia, año 451; Concilio II de Constantinopla, can. 6, año 553.

[5] Concilio Florentino, *Bula Cantate Domino*, 4-II-1442.

[6] Concilio de Éfeso, *Carta II de San Cirilo a Nestorio*, año 431.

El último Concilio Ecuménico Vaticano II, haciéndose eco de la constante enseñanza de la Iglesia, afirma en la introducción del capítulo VIII de la Constitución dogmática *Lumen gentium* que «efectivamente, la Virgen María, que al anuncio del Ángel recibió al Verbo de Dios en su alma y en su cuerpo y dio Vida al mundo, es reconocida y venerada como verdadera Madre de Dios y del Redentor»[7]. El Papa Juan Pablo II no se cansaba de recordar este gran misterio, para gozo y fortaleza de todos los fieles[8].

La Maternidad divina de María en la Sagrada Escritura

Aunque no con la claridad del Nuevo Testamento, en el Antiguo, no faltan veladas alusiones al misterio que estamos estudiando[9]. Comenzando por Eva, a pesar de su desobediencia, porque de su linaje saldrá una vencedora del Maligno y verdadera «madre de los vivientes»[10]. Sara, en edad avanzada, concebirá un hijo[11] y se le dirá, como a María, que «nada es imposible para Dios»[12]. María concebirá y dará a luz un Hijo cuyo nombre es *Emmanuel* [Dios con nosotros]»[13]. Judit será «bendita entre las mujeres»[14]. Y preanuncios (tipos) claros de María son también Débora, Rut, Ester y muchas otras. También aparece en el Antiguo Testamento una figura llamada *gebirah*, o madre del rey, reina madre, con dignidad y poderes ante el mismo rey. Por ejemplo, Salomón se postra delante de su madre

---

[7] LG, cap. VIII, núm. 53. • [8] Cfr. RM, núm. 4. • [9] Cfr. CEC, n. 489.
[10] Gen 3, 15. Analizaremos más adelante este texto.
[11] Cfr. Gen 18, 10-14; 21, 1-2. • [12] Cfr. Gen 18, 14 y Lc 1, 37.
[13] LG n. 55. • [14] Cfr. Judit 13, 18-19 y Lc 1, 42.

Betsabé y la sienta en su trono [15]. Veremos a María coronada por la Trinidad como Reina y Señora de todo lo creado. Finalmente, varios profetas hablan simbólicamente de una «Hija de Sión» que representa el misterio del pueblo de Israel en los tres aspectos de Esposa, Madre y Virgen, que se realizarán plenamente en el misterio de María.

En el *Nuevo Testamento* la maternidad divina de María se afirma *implícitamente*, siempre que habla de Ella como «Madre de Jesús», el cual declaró sin lugar a dudas que es Dios, cosa que entendieron muy bien sus enemigos, los cuales en ello vieron blasfemia y encontraron pretexto para llevarle a la cruz [16]. El texto más primitivo es Gálatas 4, 4-5, donde el Apóstol menciona a María sin nombrarla. Dice de Jesús que fue «nacido de mujer» [17]. Marcos llama a Jesús «hijo de María» e «Hijo de Dios» [18]. En Mateo y Lucas la palabra Madre se emplea tanto en el relato de la Concepción como en el del Nacimiento [19]; al anunciar a María, el Ángel le dice: «concebirás y darás a luz un hijo, a quien pondrás por nombre Jesús» [20].

El Nuevo Testamento enseña también *explícitamente* el misterio:

El ángel dice a María: «El Espíritu Santo vendrá sobre ti, y la virtud del Altísimo te cubrirá con su sombra, y por eso el hijo engendrado será santo, será llamado hijo de Dios» [21].El hijo de María se llamará «Emmanuel... Dios con nosotros» [22].

---

[15] Cfr.1 Reg 2, 12-20. En Mt 1, 22-23; 2, 11; Lc 1, 32b-33; 1, 43, se percibe el eco de esta figura.

[16] Cfr. Jn 10, 30-33. • [17] Cfr. LG VIII y RM núm 1.

[18] Cfr. Mc 1, 1; 12, 6-8; 13, 22; 15, 19. • [19] Cfr. Mt 1 y Lc 2. • [20] Lc 1, 31.

[21] Lc 1, 31.

[22] Mt 1, 23b-c. Este texto de san Mateo se entiende en sentido verdaderamente divino, ya que confiesa la divinidad de Jesús resucitado.

A José, el Ángel le anuncia que Jesús «salvará a su pueblo» (1, 21c), expresión que en el AT se reserva a Dios. Y que lo salvará «de sus pecados» (1, 21d), poder que se atribuye sólo a Dios[23]. Ilustrada por el Espíritu Santo, Isabel saluda a María, «¿de dónde a mí que la madre de mi Señor venga a mí?»[24]. Los judíos llamaban a Dios «su Señor». Y por el contexto, tanto el próximo como el remoto, hay que entender aquí el título de «Señor» en sentido trascendente, divino.

Los Padres más cercanos a la enseñanza de los Apóstoles, como San Ignacio de Antioquía († 107), hablan de la maternidad divina de María. Cabe destacar a San Justino († 165), San Ireneo († 202), Tertuliano († 220/230), San Hipólito († 235). Orígenes es el primero que nos da noticia de la feliz fórmula «Theotókos» (=Madre de Dios), que encontramos luego en autores tan importantes como San Atanasio, San Dídimo, San Gregorio de Nisa, San Cirilo de Jerusalén, San Epifanio de Salamina, San Juan Damasceno. El término latino equivalente se encuentra en San Ambrosio de Milán, San Jerónimo y otros.

Dignidad de la Madre de Dios

«Por el hecho de ser Madre de Dios, afirma Santo Tomás de Aquino, tiene una dignidad en cierto modo infinita, a causa del bien infinito que es Dios. Y en esa línea no puede imaginarse una dignidad mayor, como no puede

---

[23] Cfr. Mt 9, 2-3; Mc 2, 7. • [24] Lc 1, 43.

imaginarse cosa mayor que Dios»[25]. «Ella es la única que junto con Dios Padre puede decir al Hijo de Dios: Tú eres mi Hijo»[26]. En la misma línea, dice Cayetano: «María, al concebir, dar a luz y alimentar con su leche al Dios humanado, llegó a los confines de la divinidad con su operación propia y natural»[27].

Es cierto que hay un riesgo de exceso verbal en la proclamación de la excelsa dignidad de María. El Concilio Vaticano II «exhorta con empeño a los teólogos y a los predicadores de la palabra divina a que, al considerar la dignidad singular de la Madre de Dios, se abstengan cuidadosamente, tanto de toda falsa exageración como de una excesiva estrechez de espíritu»[28].

Exageración sería considerar a la Virgen revestida de una dignidad divina sin conexión con quien Ella sabe que debe todo cuanto es y puede: su Hijo. La maternidad divina es evidentemente un don sobrenatural del todo gratuito. María se sabe «esclava del Señor», conoce que su dignidad se debe enteramente a su Creador y Redentor. Pero no podrá considerarse nunca justamente como exageración lo que el Magisterio mismo y la Liturgia de la Iglesia (*lex orandi, lex credendi*) afirman de Ella: Hija de Dios Padre, Madre de Dios Hijo y Sagrario del Espíritu Santo. Para orientarse, bastaría leer el capítulo VIII de *Lumen Gentium*; o cualquiera de los documentos Marianos pontificios: por ejemplo, la Encíclica de Pablo VI *Ecclesiam suam*. Así por ejemplo, «la liturgia no duda en llamarla "madre de su Progenitor" y saludarla con las palabras que Dante Alighieri pone en boca

---

[25] Santo Tomás, *S. Th.*, I, q. 25, a. 6, ad 3. • [26] *S. Th.* III, q. 30, a. 1.
[27] Cfr. *S. Th.* I-II, q. 103, a. 4, ad 2. • [28] LG, 67.

de San Bernardo: "hija de tu Hijo"» [29]. El resumen puede ser:
«más que Ella sólo Dios» [30].

Hija de Dios Padre, Madre de Dios Hijo, Esposa del Espíritu Santo

Juan Pablo II ha insistido en esta fórmula —Hija de Dios Padre, Madre de Dios Hijo, Esposa de Dios Espíritu Santo— que pone de manifiesto de un golpe de vista la dignidad excelsa de María [31]. María es de un modo eminente hija de Dios Padre. Es la única criatura que puede decir con Dios Padre a Dios Hijo: «¡Hijo mío!».

María es *Esposa del Espíritu Santo*, no por cierto en el mismo sentido en que una mujer es esposa de un varón, pero sí en el sentido de que es el Espíritu Santo quien la llena de gracia, la introduce en la intimidad de la vida intratrinitaria y después «plasma en su seno virginal la naturaleza humana de Cristo» [32]. Aunque este título fue discutido con ocasión del Concilio Vaticano II, que concluyó sin usarlo, sin embargo lo han hecho posteriormente Pablo VI y Juan Pablo II [33].

Sede de todas las gracias

Predestinada a ser Madre de Dios, María había de ser también predestinada a ser *digna* Madre de Dios [34]. Era ne-

---

[29] RM, n. 10. • [30] Cfr. San Josemaría Escrivá, *Camino*, 496. • [31] RM, n. 8.
[32] RM, n. 1. • [33] Cfr. Pablo VI, MC, AAS 66 (1974) 173 ss.; RM n. 26.
[34] Cfr. LG 56; CEC 490.

cesario, según la lógica divina, que en el corazón de María hubiese un afecto que aventajase todo lo natural, que alcanzase hasta el supremo grado de Gracia, a fin de que tuviese para su Hijo los sentimientos dignos de una Madre para un Hijo-Dios.

Del misterio de la plenitud de Gracia en María se han señalado, entre otros, tres aspectos:

a) la total ausencia de pecado y la perfección de todas las virtudes en el alma de María[35].

b) Lo que Santo Tomás llama *refluentia* o *redundantia* de la gracia del alma sobre la materialidad del cuerpo de María, que se encontró siempre de algún modo —muy misterioso para nosotros— «introducida» en la vida íntima de la Trinidad.

c) Como consecuencia de lo anterior, María es, en cierto modo, fuente de Gracia para los hombres (en unión, subordinada, por participación, de Cristo)[36].

El misterio de la «Gratia plena» nos introduce en el que vamos a estudiar a continuación: la Inmaculada Concepción de María Santísima.

---

[35] LG 53; InD.

[36] Vd. Fernando Ocáriz, *María y la Trinidad*, en Scrip. Theol. 20 (1988/2-3), pp. 771-772 b.

Capítulo II

LA INMACULADA CONCEPCIÓN

El dogma

> «El Dogma de la Inmaculada Concepción puede decirse que es una maravillosa síntesis doctrinal de la fe cristiana. En efecto, concentra en sí las verdades fundamentales del mensaje revelado: desde la *creación de los progenitores* en estado de justicia, hasta el *pecado* con el que comprometieron la propia situación y la de los descendientes; desde la *promesa inicial* hecha a Adán y Eva en el Protoevangelio, a su *maravillosa realización* mediante la encarnación del Verbo en el seno purísimo de María, desde la *situación desesperada* de una humanidad arrojada a la condenación eterna a la *perspectiva de la salvación final* en la participación de la felicidad misma de Dios.» (Juan Pablo II, *Angelus,* 8-XII-1988, Solemnidad de la Inmaculada Concepción)

Entre los privilegios que Dios ha otorgado a la Virgen María en atención a su excelsa dignidad de Madre de Dios y en virtud de los méritos de su Hijo, es de destacar el de su Inmaculada Concepción, reconocido por la Iglesia desde sus inicios y definido como dogma de fe el 8 de diciembre de 1854 por el Papa Pío IX en la Bula *Ineffabilis Deus*. En esta Carta Apostólica, el Romano Pontífice, «no hizo sino recoger con diligencia y sancionar con su autoridad la voz de los Santos Padres y de toda la Iglesia, que siempre se había dejado oír desde los tiempos antiguos hasta nuestros días»[1].

En primer lugar analizaremos los términos de la definición dogmática para captar en su núcleo el perfil del dogma: «*Declaramos, pronunciamos y definimos que la doctrina que sostiene que la Santísima Virgen María, en el primer instante de su Concepción fue, por singular gracia y privilegio del Dios omnipotente, en previsión de los méritos de Cristo Jesús, Salvador del género humano, preservada inmune de toda mancha de culpa original, ha sido revelada por Dios y, por tanto, debe ser firme y constantemente creída por todos los fieles*»[2].

Significado de los términos

El dogma de la Inmaculada se refiere no a la concepción virginal de Cristo realizada en María por obra del Espíritu Santo, sino a la concepción por la cual María fue engendrada en el seno de su madre. También es de advertir que se refiere no a la concepción «activa», obra de los padres de la Doncella de Nazaret, sino al «término» de esa acción, es

---

[1] Pío XII, FuC I, párr. 2. • [2] InD, DS 2800-2804.

decir al resultado de la concepción activa, que es precisamente el «ser concebido» de María. Ella es la concebida sin la herencia del pecado original.

Inmunidad de toda mancha de culpa original

Con la expresión «inmune de toda mancha de culpa original», la Iglesia confiesa que María en ningún momento y en modo alguno fue alcanzada por la culpa original que se transmite por generación a la humanidad desde nuestros primeros padres. No se contemplan, sin embargo, en la definición dogmática, los defectos que proceden del pecado original, como son la concupiscencia, la ignorancia y la sujeción a la muerte. Tampoco se pronuncia sobre si «debía» o no contraer el pecado original por el hecho de proceder de Adán, aunque afirma sin lugar a dudas que de hecho no lo contrajo, ni siquiera *en el primer instante* de su existencia. Sin embargo Pío XII, en *Refulgens corona*, explicita que cuando se habla de María ni siquiera «cabe plantearse la cuestión» de si tuvo o no algún pecado, por nimio que pudiera pensarse, «puesto que lleva consigo la dignidad y santidad más grandes después de la de Cristo (...) es tan pura y tan santa que no puede concebirse pureza mayor después de la de Dios» [3]. Por lo que se refiere a la inclinación del pecado (concupiscencia), es sentencia cierta que estuvo libre de ella desde el instante de su concepción inmaculada.

---

[3] FuC, I.

Plenitud de gracia

En la Bula *Ineffabilis*, se afirma la plenitud de gracia en María desde el comienzo de su existencia. Toda la argumentación de la Bula implica esta verdad y expresamente declara que «la Virgen fue la sede de todas las gracias divinas, adornada con todos los dones del Espíritu Santo, y más aún, tesoro casi infinito y abismo inagotable de esos mismos dones, de tal modo que nunca ha sido sometida a la maldición» [4]. Pío XII, en *Fulgens corona*, se recrea en la explanación de este punto.

Privilegio singular

La inmunidad otorgada a María es una gracia de Dios todopoderoso que constituye un «privilegio singular». Se diría que Dios se interpone entre María y el pecado, para que éste ni siquiera la roce por un instante. Es un privilegio extraordinario concedido a la que había de ser Madre de Dios. ¿Podría pensarse en alguna otra persona humana que goce de este privilegio? No consta que la voluntad del Papa al definir el dogma de la Inmaculada Concepción de María fuera excluir absolutamente tal posibilidad, tampoco consta en parte alguna que exista. Lo que queda definido es que se trata de «singular privilegio y gracia del Dios omnipotente». Cabe subrayar, no obstante, lo que dice Pío XII: «este singular privilegio» es «a nadie concedido» sino a la que fue

---

[4] InD, cit por FC I, párr 3.

elevada a la dignidad de Madre de Dios [5] y en previsión de los méritos de su Hijo Redentor del hombre.

Revelación formal del misterio

Concluyamos esta breve exposición del significado de los términos del dogma, señalando que la verdad expresada no se ha obtenido como una *conclusión deducida* a partir de la Revelación, o por su conexión con alguna otra verdad revelada; se trata de una verdad *formalmente revelada* por Dios. La cuestión ahora es: ¿cómo y dónde ha sido revelada?

En la *Bula Ineffabilis*, Pío IX indica brevemente que la Iglesia católica, iluminada siempre por el Espíritu Santo, «no ha cesado de explicar más y más cada día, de proponer y de fomentar esta original inocencia de la Virgen excelsa, coherente en grado sumo con su admirable santidad y dignidad sublime de Madre de Dios» [6]. Ha habido progreso en el conocimiento y explicación, pero la verdad era conocida desde los comienzos de la Iglesia como divinamente revelada [7].

Fundamento en la Sagrada Escritura

En Mariología, puede parecer a primera vista que el apoyo escriturístico de las definiciones dogmáticas es más bien escaso. Pero la importancia de María en la historia de la salvación no se mide por el número de versículos que la

---

[5] FuC, I, párr. 5. • [6] InD, l. c. • [7] Ver FuC, I.

Escritura le consagra, sino por el alcance de cada uno de ellos.

Justamente, la Iglesia ha entendido que en las Sagradas Escrituras se encuentra sólido fundamento para la afirmación de los dogmas de la Inmaculada y de la Asunción de la Virgen María. Si tratáramos los textos de modo «aséptico», las polémicas podrían resultar interminables; pero si lo que se intenta es «ver» lo obvio según la fe de la Iglesia, pronto se encuentran los fundamentos bíblicos de esa fe que arranca de los discípulos del Señor, que testimonian los Padres de la Iglesia y se encuentran vivos a lo largo de los siglos hasta hoy.

Así, «el fundamento bíblico de este dogma —afirma Benedicto XVI— se encuentra en las palabras que el Ángel dirigió a la muchacha de Nazaret: "Alégrate, llena de gracia, el Señor está contigo" (Lucas 1, 28). "Llena de gracia", en el original griego *"kecharitoméne"*, es el nombre más bello de María, que le dio el mismo Dios para indicar que desde siempre y para siempre es la amada, la elegida, la escogida para acoger el don más precioso, Jesús, "el amor encarnado de Dios" [8]»[9]. Trataremos de desarrollarlo —dentro de los límites de esta Iniciación— apoyándonos sobre todo en el poderoso magisterio de Juan Pablo II, que recoge, analiza, sintetiza y profundiza en la mejor exégesis bíblica contemporánea, en continuidad con la enseñanza común de los Padres de la Iglesia y la teología «inmaculista».

---

[8] Benedicto XVI, Encíclica *Deus caritas est*, 12.
[9] Benedicto XVI, Intervención en el *Ángelus* de la solemnidad de la Inmaculada Concepción, 8.XII.2006.

El relato de la Anunciación (Lc 1, 28)

El ángel Gabriel, en la Anunciación, la saluda con la palabra *chaire* (alégrate) y no le llama María, sino que se dirige a Ella con el término *kecharitoméne*, que traducimos «llena de gracia» [cfr. Lc 1,28]. Es una singular y solemne salutación, nunca hasta entonces oída. Ambas palabras tienen una profunda conexión entre sí y con el contexto del relato. Llena de gracia, llena de Dios, llena de gozo, designa propiamente la más profunda personalidad de María: «La plenitud de gracia indica la dádiva sobrenatural, de la que se beneficia María porque ha sido elegida y destinada a ser Madre de Cristo» [10].

Juan Pablo II explica con sencillez el resultado de los estudios exegéticos más rigurosos. Advierte que el calificativo «*kecharitoméne*» tiene un significado densísimo, que el Espíritu Santo ha impulsado siempre a la Iglesia a profundizar [11]. La expresión «llena de gracia» traduce la palabra griega «*kexaritomen*», la cual es un participio pasivo. Así pues, para expresar con más exactitud el matiz del término griego, no se debería decir simplemente *llena de gracia*, sino «*hecha* llena de gracia» o «*colmada* de gracia», lo cual indicaría claramente que se trata de un don hecho por Dios a la Virgen [12]. El

---

[10] RM, n. 9. • [11] Juan Pablo II, *Aud. Gen.*, 15-V-1996, 1.

[12] Lc 1, 28. Ignace de la Poterie, tras explicar que la primera palabra del ángel a María es *chaire*, que en la Vulgata se tradujo *Ave* y que actualmente se va imponiendo la traducción «alégrate», explica que no se trata de un simple saludo convencional, como el latino *Ave*. Es una invitación a la alegría. Y la razón de su alegría, en el evangelio de Lucas, es el haber sido hecha agradable a Dios por medio de la gracia. Alégrate, va seguido de «*Kecharitôménê*», que la Vulgata traduce por «llena de gracia».

término, en la forma de participio perfecto, expresa la imagen de una gracia perfecta y duradera que implica plenitud. El mismo verbo, en el significado de «colmar de gracia», es usado en la carta a los Efesios para indicar la abundancia de gracia que nos concede el Padre en su Hijo amado (cf. Ef 1, 6). María la recibe como primicia de la Redención»[13] y de un modo absolutamente singular. «Cuando leemos que el mensajero dice a María 'llena de gracia', el contexto evangélico, en el que confluyen revelaciones y promesas antiguas, nos da a entender que se trata de una bendición singular entre todas las 'bendiciones espirituales en Cristo'. En el misterio de Cristo María está *presente* ya 'antes de la creación del mundo' como aquella que el Padre 'ha elegido' *como Madre* de su Hijo en la Encarnación, y junto con el Padre la ha elegido el Hijo, confiándola eternamente al Espíritu de santidad. María está unida a Cristo de un modo totalmente especial y excepcional, e igualmente *es amada en este 'Amado eternamente'*, en este Hijo consubstancial al Padre, en el que se concentra toda 'la gloria de la gracia'. A la vez, ella está y sigue abierta perfectamente a este 'don de lo alto' (cf. St 1, 17). Como enseña el Concilio, María 'sobresale entre los humildes y pobres del Señor, que de Él esperan con confianza la salvación'»[14].

Los Santos Padres advierten también que las palabras de Isabel a María, en la Visitación, encendida por el Espíritu Santo: «Bendita tú entre las mujeres y bendito el fruto de tu vientre» (cfr Lc 1, 40-42), dan a entender que la Madre

---

[13] Juan Pablo II, *Aud. Gen.*, 8.V.1996. • [14] RM, n. 8.

de Dios fue la sede de todas las gracias divinas y que fue adornada con todos los carismas del Espíritu divino, al extremo de no haber estado nunca bajo el poder del mal y de merecer oír, participando a una con su Hijo de una bendición perpetua [15]. Palabras que son «como una continuación del saludo del ángel» [16].

El Protoevangelio (Gen 3, 15)

Además del relato lucano de la Anunciación, la Tradición y el Magisterio han considerado el llamado *Protoevangelio* (Gn 3, 15) como una fuente escriturística de la verdad de la Inmaculada Concepción de María. «Tras la caída [de nuestros primeros padres], el hombre no fue abandonado por Dios al poder de la muerte. Al contrario, Dios lo llama (cf. Gn 3, 9) y le anuncia de modo misterioso la victoria sobre el mal y el levantamiento de su caída (cf. Gn 3, 15)» [17]. Después de maldecir a la serpiente tentadora, le dice Dios: «Pongo perpetua enemistad entre ti y la mujer, entre tu descendencia y la suya. Ella te aplastará la cabeza, mientras tú le muerdes el talón» (Gn 3, 15). Ese texto, a partir de la antigua versión latina —«Ella te aplastará la cabeza»—, ha inspirado muchas representaciones de la Inmaculada que aplasta a la serpiente bajo sus pies. Aunque esta traducción no corresponde al texto hebraico —porque quien pisa la cabeza de la serpiente no es la mujer, sino su linaje (su descendiente)—, la concepción bíblica establece

---

[15] InD, l.c. • [16] RM 12. • [17] CEC, 410.

una profunda solidaridad entre el progenitor y la descendencia. Es, por tanto, coherente con el sentido original del pasaje, la representación de la Inmaculada que aplasta a la serpiente, no por virtud propia sino de la gracia del Hijo [18].

«En el mismo texto bíblico, además, se proclama la enemistad entre la mujer y su linaje, por una parte, y la serpiente y su descendencia, por otra. Se trata de una hostilidad expresamente establecida por Dios, que cobra un relieve singular si consideramos la cuestión de la santidad personal de la Virgen. Para ser la enemiga irreconciliable de la serpiente y de su linaje, María debía estar exenta de todo dominio del pecado. Y esto desde el primer momento de su existencia. A este respecto, la encíclica *Fulgens corona*, argumenta así: «Si en un momento determinado la santísima Virgen María hubiera quedado privada de la gracia divina, por haber sido contaminada en su concepción por la mancha hereditaria del pecado, entre ella y la serpiente no habría ya —al menos durante ese período de tiempo, por más breve que fuera— la enemistad eterna, de la que se habla desde la tradición primitiva hasta la solemne definición de la Inmaculada Concepción, sino más bien cierta servidumbre» [19]. La absoluta enemistad puesta por Dios entre la mujer y el demonio exige, por tanto, en María la Inmaculada Concepción. El Hijo de María obtuvo la victoria definitiva sobre Satanás e hizo beneficiaria anticipadamente a su Madre, preservándola del pecado. Como consecuencia, el Hijo le concedió el poder de resistir al demonio, realizando así en el misterio de la Inmaculada

---

[18] Cfr. Juan Pablo II, *Aud. Gen.*, 29-V-1996.
[19] *AAS* 45 [1953], 579.

Concepción el más notable efecto de su obra redentora. El apelativo *llena de gracia* y el Protoevangelio, al atraer nuestra atención hacia la santidad especial de María y hacia el hecho de que fue completamente librada del influjo de Satanás, nos hacen intuir en el privilegio único concedido a María por el Señor el inicio de un nuevo orden, que es fruto de la amistad con Dios y que implica, en consecuencia, una enemistad profunda entre la serpiente y los hombres» [20].

Es muy lógico, pues, que si San Pablo entiende a Cristo como *nuevo Adán* —nueva Cabeza de la Humanidad por Él redimida— enseguida la reflexión teológica se pregunte por la *nueva Eva*. Génesis 3, 15, como todo el Antiguo Testamento, recibe nueva luz con la Nueva Alianza; y de este modo se halla que Jesús y María constituyen la réplica asimétrica de Adán y Eva. La mujer Eva procede del hombre Adán. El Nuevo Adán nace de la nueva Eva, María. Adán y Eva introducen con el pecado de origen la muerte en la humanidad, pierden toda la riqueza sobrenatural y preternatural que habían recibido. Cristo y María hacen lo contrario: obedecen al Padre celestial en todo, hasta la muerte. Son hijos de Adán, pertenecen plenamente al género humano, pero su pureza, su gracia es plena, son inmaculados. Con esto borran lo hecho por Adán y Eva, como si el tiempo y la historia empezasen de nuevo. De hecho, la vida que Cristo nos da con su gracia equivale a una nueva creación que, en los fieles, comienza en el sacramento del bautismo, y en María, por singular privilegio, en el mismo instante de su Concepción. Ella es

---

[20] Juan Pablo II, *Aud. Gen.* 29-V-1996.

la Aurora que anuncia el nuevo y gran Día que hizo el Señor (cfr. Ps 118, 24).

La Mujer vestida de sol (Ap 12, 5)

Otro testimonio bíblico en favor de la Inmaculada se encuentra en el capítulo 12 del *Apocalipsis*, donde San Juan habla de la «mujer vestida de sol» (Ap 12, 1). La exégesis antigua y actual concuerda en ver en esa Mujer una doble significación:

— de una parte, la significación eclesiológica: «la Mujer de Sión» desde el principio de la historia humana combate con el Maligno. Es una imagen de la tremenda lucha secular de las fuerzas del mal con todos los descendientes de Eva, la raza humana en general y, en particular, con el pueblo de Dios, que ahora es la Iglesia. Se trata de un combate de larga duración a través de la historia, hasta que se alcance el triunfo final y definitivo, «el Reino de nuestro Dios y la autoridad de su Cristo» (Ap 12, 10) [21]. En esta interpretación eclesiológica de la Mujer, ha puesto el acento la exégesis contemporánea, quizá debido al interés extraordinario que gracias a Dios la eclesiología ha despertado desde el Concilio Vaticano II. Sin embargo, no faltan los exegetas que insisten en la necesidad de no excluir la interpretación mariológica, que es la que aquí nos incumbe especialmente.

---

[21] Cfr. I. de la Poterie, o.c. p. 304.

— De la interpretación colectiva, no puede separarse la significación individual. «La mujer dio a luz un hijo varón, el que ha de regir a todas las naciones con cetro de hierro» (Ap 12, 5). Así, haciendo referencia al parto, se admite cierta identificación de la mujer vestida de sol con María, la mujer que dio a luz al Mesías. La mujer-comunidad está descrita con los rasgos de la Mujer-Madre de Jesús.

Ap 12, 2 dice que la mujer «está encinta, y grita con los dolores del parto y con el tormento de dar a luz» (Ap 12, 2). Estas palabras parecen excluir a María que concibió virginalmente y dio a luz sin dolor a Jesús en Belén. Por eso, no bastaría este texto por sí solo para justificar una interpretación mariológica. Sin embargo, no se trata aquí del misterio de la Encarnación, sino de la Resurrección de Cristo y del nacimiento de la Iglesia. Estamos en una obra de San Juan, que, en su Evangelio, por dos veces pone en labios de Jesús la palabra «mujer» dirigiéndose a María su Madre (como hace también Lucas). En el trasfondo se encuentra la «Hija de Sión», figura de María en el Antiguo Testamento. Nosotros, como Juan, estamos en el Nuevo Testamento, contemplando el conjunto y la Escritura en su unidad. ¿Cómo no pensar —Juan y nosotros— en una interpretación mariana? Es lo que hizo la tradición monástica en la liturgia de la Asunción y en el arte cristiano. María no sufrió dolores de parto en Belén, pero sí —¡y de qué manera!— en el Calvario, donde, de algún modo, en lo que estaba de su parte, dio a luz al triunfo de su Hijo en la nueva vida de Resucitado y a cada uno de sus discípulos (representados por Juan). Belén está orientado hacia la Cruz; su Hijo sólo le es dado porque debe morir y redimir así a Israel. Más adelante tendremos que ver hasta qué extremo estuvo María bajo Cristo, pero con Cristo y en Cristo, espiritualmente clavada en la Cruz, mereciendo a su modo lo mismo que sin medida merecía su Hijo.

La Mujer del Apocalipsis 12 remite, en efecto, a la Madre de Jesús al pie de la cruz (cf. Jn 19, 25), donde participa, con el alma traspasada por una espada de dolor (cf. *Lc* 2, 35), en los sufrimientos del parto de la comunidad de los discípulos. Pues bien, a pesar de sus agonías, va *vestida de sol*, resplandece con el reflejo del esplendor divino, y aparece como *signo grandioso* de la relación esponsal de Dios con su pueblo. Estas imágenes, aunque no indican directamente el privilegio de la Inmaculada Concepción, pueden interpretarse como expresión de la solicitud amorosa del Padre que llena en todo momento a María con la gracia de Cristo y el esplendor del Espíritu. En Ella todo don de Dios es *anticipado*. En lo que depende de la criatura, María con su *fiat* libérrimo hace posible la Encarnación del Verbo. Con la extensión de su sí hasta el Calvario es, como hemos de ver todavía mejor, corredentora. Ciertamente es de lógica divina que María sea la primera redimida, *anticipándose* en Ella la aplicación de los méritos de su Hijo y, cabe decir, los suyos propios. No es una dificultad para el Señor de la Historia. Apocalipsis 12 la contempla, como hemos visto, vestida de sol (símbolo de la constancia), plantada sobre la luna (símbolo de la caducidad), como dominando el tiempo y habitando la eternidad. Así lo entiende la Iglesia al aplicar a la Virgen Santa Proverbios 8, 22-33 y Siracida, 24, 3-21:

22 «Yahveh me creó, primicia de su camino,
antes que sus obras más antiguas.

23 Desde la eternidad fui fundada,
desde el principio, antes que la tierra.

24 Cuando no existían los abismos fui engendrada,
cuando no había fuentes cargadas de agua.

25 Antes que los montes fuesen asentados,
antes que las colinas, fui engendrada.

26 No había hecho aún la tierra ni los campos,
ni el polvo primordial del orbe.

27 Cuando asentó los cielos, allí estaba yo,
cuando trazó un círculo sobre la faz del abismo,

28 cuando arriba condensó las nubes,
cuando afianzó las fuentes del abismo,

29 cuando al mar dio su precepto
—y las aguas no rebasarán su orilla—
cuando asentó los cimientos de la tierra,

30 yo estaba allí, como arquitecto,
y era yo todos los días su delicia,
jugando en su presencia en todo tiempo,

31 jugando por el orbe de su tierra;
y mis delicias están con los hijos de los hombres.

32 Ahora pues, hijos, escuchadme,
dichosos los que guardan mis caminos.

33 Escuchad la instrucción y haceos sabios,
no la despreciéis.

34 Dichoso el hombre que me escucha
velando ante mi puerta cada día,
guardando las jambas de mi entrada.

35 Porque el que me halla, ha hallado la vida,
ha logrado el favor de Yahveh.

36 Pero el que me ofende, hace daño a su alma;
todos los que me odian, aman la muerte.»

Siracida 24, 3-21

3 «Yo salí de la boca del Altísimo,
y cubrí como niebla la tierra.

4 Yo levanté mi tienda en las alturas,
y mi trono era una columna de nube.

5 Sola recorrí la redondez del cielo,
y por la hondura de los abismos paseé.

6 Las ondas del mar, la tierra entera,
todo pueblo y nación eran mi dominio.

7 Entre todas estas cosas buscaba reposo,
una heredad en que instalarme.

8 Entonces me dio orden el creador del universo,
el que me creó dio reposo a mi tienda,
y me dijo: «Pon tu tienda en Jacob,
entra en la heredad de Israel.»

9 Antes de los siglos, desde el principio, me creó,
y por los siglos subsistiré.

10 En la Tienda Santa, en su presencia, he ejercido el ministerio,
así en Sión me he afirmado,

11 en la ciudad amada me ha hecho él reposar,
y en Jerusalén se halla mi poder.

12 He arraigado en un pueblo glorioso,
en la porción del Señor, en su heredad.

13 Como cedro me he elevado en el Líbano,
como ciprés en el monte del Hermón.

14 Como palmera me he elevado en Engadí,
como plantel de rosas en Jericó,
como gallardo olivo en la llanura,
como plátano me he elevado.

15 Cual cinamomo y aspálato aromático he dado fragancia,
cual mirra exquisita he dado buen olor,
como gálbano y ónice y estacte,
como nube de incienso en la Tienda.

16 Cual terebinto he alargado mis ramas,
y mis ramas son ramas de gloria y de gracia.

17 Como la vid he hecho germinar la gracia, y mis flores son
frutos de gloria y riqueza.

19 Venid a mí los que me deseáis,
y hartaos de mis productos.

20 Que mi recuerdo es más dulce que la miel,
mi heredad más dulce que panal de miel.

21 Los que me comen quedan aún con hambre de mí,
los que me beben sienten todavía sed.»

En estos versos se vierte la fantástica cosmografía del antiguo Oriente; presentan la naturaleza creada y la salvación como obra de la Sabiduría divina y a ésta con los rasgos personales que a la luz del Nuevo Testamento la identifican con el Logos o Verbo, Segunda Persona divina. Contienen, pues, estos versos, un *sentido pleno* —no pretendido por el hagiógrafo, sino por el Espíritu Santo, autor principal de la Sagrada Escritura— que nos anticipa el misterio de la Trinidad. Pues bien, la Iglesia —con la audacia que le presta la solidez de su fe bíblica— en su Liturgia se permite aplicar los mismos versos a la Virgen María. Ella es criatura, concebida por sus padres en el tiempo, un día determinado, antes del cual no tenía existencia real. Pero se hallaba *ab aeterno,* en la eternidad de la mente de Dios, no solo como han estado y están todas las criaturas que han sido, son y serán (cfr. Ef 1, 4-7), sino como criatura única y singular, precisamente como «la *'mujer'* que es la Madre de aquel, al cual el Padre ha confiado la obra de la salvación» [22]: la mujer Madre del Hijo de Dios (= Dios Hijo). El Hijo del eterno Padre, mediante la Encarnación se ha convertido en su propio Hijo. María es pues Madre de Aquel de quien ha recibido la vida natural y la plenitud de la vida sobrenatural («llena de gracia»). Por eso —se observa en *Redemptoris Mater*— la Liturgia no duda en llamarla «madre de su Progenitor» y en saludarla con palabras que Dante Alighieri pone en boca de San Bernardo: «hija de tu Hijo». «Si la elección eterna en Cristo y la destinación a la dignidad de hijos adoptivos se refieren a todos los hombres, la elección de María es del todo excepcional y única. De aquí, la singularidad y unicidad de su lugar en el misterio de Cristo» [23]. Ahora bien, si María recibe la nueva

---

[22] RM, 7. • [23] RM, 9.

vida (gracia santificante) de su Hijo —Dios— Amor, «la recibe con una plenitud que corresponde al amor del Hijo a la Madre y, por consiguiente, a la dignidad de la maternidad divina, [y por esto] en la anunciación el ángel la llama 'llena de gracia'» [24].

En definitiva y para concluir este apartado, en el que se han combinado los datos de la Escritura con la reflexión sobre su sentido dentro de la unidad de toda ella:

> «Según la doctrina formulada en documentos solemnes de la Iglesia, esta 'gloria de la gracia' se ha manifestado en la Madre de Dios por el hecho de que ha sido redimida 'de un modo eminente'. En virtud de la riqueza de la gracia del Amado, en razón de los méritos del que sería su Hijo, María ha sido *preservada de la herencia del pecado original.* De esta manera, desde el primer instante de su concepción, es decir, de su existencia, es de Cristo, participa de la gracia salvífica y santificante y de aquel amor que tiene su inicio en el 'Amado', el Hijo eterno del Padre, que mediante la Encarnación se ha convertido en su propio Hijo»[25].

Solución de las dificultades teológicas

La doctrina de la Inmaculada encontró cierta resistencia en Occidente. Hubo santos, como Agustín, Bernardo, Alberto Magno, Buenaventura y Tomás de Aquino, que al

---

[24] RM, 10. • RM, 10.

tiempo de afirmar la eximia santidad de María, se resistían a proclamar rotundamente el privilegio de la Inmaculada; no percibían cómo conciliarlo con la universalidad de la Redención operada por Cristo. El Antiguo Testamento habla de un contagio del pecado que afecta a «todo nacido de mujer» (Sal 50, 7; Jb 14, 2). En el Nuevo Testamento, San Pablo declara que, como consecuencia de la culpa de Adán, «todos pecaron» y que «el delito de uno solo atrajo sobre todos los hombres la condenación» (Rm 5, 12. 18). El *Catecismo de la Iglesia católica* enseña que el pecado original «afecta a la naturaleza humana», que se encuentra así «en un estado caído». Por eso, el pecado se transmite «por propagación a toda la humanidad, es decir, por la transmisión de una naturaleza humana privada de la santidad y de la justicia originales»» (n. 404). ¿Cómo explicar la excepción en la herencia del pecado original que todos recibimos y en la necesidad que todos tenemos de ser redimidos?

La respuesta del Magisterio es clara: en este punto no se trata de una excepción[26]. María no es una criatura exenta de redención, por el contrario: es la primera redimida por Cristo y lo ha sido de un modo eminente en atención a los méritos de Jesucristo Salvador del género humano[27]. De ahí le viene toda esa «resplandeciente santidad del todo singular» de la que ella fue «enriquecida desde el primer instante de su concepción»[28].

A la dificultad teológica sobre cómo podía una persona ser redimida sin haber contraído al menos un instante el pecado original, se responde con la distinción en-

---

[26] CEC 491. • [27] InD, DS 2803; LG 53. • [28] LG 53, 56.

tre «redención liberativa» y «redención preventiva» (introducida por Duns Escoto [29]). La primera es la que se aplica a todos nosotros con «el lavado de la regeneración» bautismal [30]. La última es la acontecida en María ya antes de que pudiera incurrir en pecado. Juan Pablo II añade que «el paralelismo que San Pablo establece entre Adán y Cristo se completa con el que establece entre Eva y María: el papel de la mujer, notable en el drama del pecado, lo es también en la redención de la humanidad. San Ireneo presenta a María como la nueva Eva que, con su fe y su obediencia, contrapesa la incredulidad y la desobediencia de Eva. Ese papel en la economía de la salvación exige la ausencia de pecado. Era conveniente que, al igual que Cristo, nuevo Adán, también María, nueva Eva, no conociera el pecado y fuera así más apta para cooperar en la redención. El pecado, que como torrente arrastra a la humanidad, se detiene ante el Redentor y su fiel colaboradora. Con una diferencia sustancial: Cristo es totalmente santo en virtud de la gracia que en su humanidad brota de la persona divina; y María es totalmente santa en virtud de la gracia recibida por los méritos del Salvador.» [31]

La dificultad, pues, quedó superada al entender que María es *la primera redimida en atención a los méritos de su Hijo* y que si bien el pecado original se transmite por generación, Dios aceptó anticipadamente el precio de ese rescate y lo aplicó a la Virgen en forma de redención preventiva, impidiendo así que contrajera el pecado original.

---

[29] Cfr. Juan Pablo II, *Aud. Gen.*, 5-VI-1996, 3.
[30] InD, DS 2803; LG 53; cfr. Tit 3, 15.
[31] Juan Pablo II, *Aud. Gen.* 29-V-1996.

Hitos del Magisterio sobre la Inmaculada

En resumen, cabe destacar, los siguientes hitos en el Magisterio de la Iglesia sobre la Inmaculada:

—Sixto IV, en los años 1476 y 1483 aprueba la Fiesta y el oficio de la Concepción Inmaculada, prohibiendo calificar como herética la sentencia inmaculista[32]. Poco después, de nuevo levantó su voz contra quienes tachaban de herejes y pecadores a los que celebraban el oficio de la Inmaculada Concepción y a los asistentes a los sermones de quienes afirmaban que Ella fue concebida sin tal mancha[33].

Después, el Magisterio supremo de la Iglesia siguió favoreciendo la celebración solemne de la festividad de María Inmaculada, y prohibió atacar, ya en público, ya en privado, esta doctrina[34].

—Inocencio VlII, en el año 1489 aprueba la invocación de la Concepción Inmaculada de la Santísima Virgen.

—el Concilio de Trento, en 1546, exponiendo la doctrina católica sobre el pecado original, afirmó: «este Santo Sínodo declara que no es intención suya incluir en este decreto, en que se trata del pecado original, a la bienaventurada e inmaculada Virgen María, Madre de Dios»[35].

---

[32] Sixto IV, const. *Cum praeexcelsa*, 28-II-1476.

[33] Sixto IV, const. *Grave nimis*, 4l-X-1483.

[34] Cfr. San Pío V, Bula *Ex omnibus aflictionibus*, 1-X-1567, n. 73; Const. *Super speculam*, 30-XI-1570; Paulo V, *Breve del 12-IX-1617*; Gregorio XV, *Decreto apostólico*, año 1622; Urbano VIII, *Bula Imperscrutabilis*,12-II-1623; Alejandro VII, Bula *Sollicitudo omnium*, 8-XlI-1661; Clemente XI, Bula *Commissi nobis*, 8-XII-1708; Benedicto XIII, Breve *Ex quo*, 1-IV-1727.

[35] Concilio de Trento, sess. V

—Un poco más tarde, S. Pío V condena la famosa proposición de Bayo (19) e incluye en el Breviario Romano el oficio de la Inmaculada.

—Paulo V, el año 1616, prohíbe enseñar públicamente la sentencia antiinmaculista.

—Gregorio XV, en el 1622, prohíbe tal enseñanza incluso privadamente.

—Alejandro VII declara que el objeto del culto es concretamente la concepción misma de la Virgen, en la Constitución *Sollicitudo*, de 8 diciembre 1661, donde casi están ya al pie de la letra las palabras que luego usará Pío IX en la definición dogmática. Habla de la preservación del alma de María «en el primer instante de su creación e infusión del cuerpo» (DS, 2.803).

—Clemente XI, el año 1708, extiende la fiesta de la Inmaculada como fiesta de precepto a toda la Iglesia Universal [13].

El sensus fidelium

Es indudable que, en la creciente toma de conciencia del privilegio de la Inmaculada Concepción, hasta llegar a la definición dogmática, juega un papel importante el *sensus fidelium* (podríamos traducir: el reflexivo sentido común ilustrado por la fe, del pueblo cristiano) al comprender que la Madre de Dios no puede haber caído en el pecado, que el Hijo de Dios no sería buen Hijo o no sería omnipotente si no hubiera adornado a su Madre de todos los dones y de todas las gracias admirables que tenía en su poder y, sobre todo, del don de no dejarla ni un solo instante bajo el imperio del Maligno.

Ayuda eficaz prestaron también los teólogos, tanto los que defendieron el privilegio como quienes, con indudable buena intención, lo rechazaban. Unos y otros, con sus estudios y críticas, ayudaron a decantar las razones que en pro y en contra aparecían acerca de esta delicada cuestión [36].

Reflexiones teológicas

Cuando el Magisterio de la Iglesia define un dogma no obedece a un «prurito dogmaticista» ni a una razón puramente estética. Nos basta su autoridad, pero la Iglesia la ejerce siempre fundada en razones. Indaga —como hemos visto ya— en la Sagrada Escritura, en la Tradición apostólica, en el sentido de los fieles y también se pregunta por las razones que ha podido tener la Trinidad para hacer las cosas de un modo que pueden no ser de unívoca necesidad.

La dignidad correspondiente a la Madre de Dios

La razón teológica más poderosa de la Concepción Inmaculada de María es seguramente la necesaria proporción que, en lo posible, debía haber entre el ser de la Madre de Dios y

---

[36] De otra parte, muchas Universidades del mundo de entonces no sólo defienden el privilegio de la Inmaculada Concepción, sino que incluso exigen juramento de defenderlo a quienes acceden a los grados académicos. Tal sucede con la de París (1497), Colonia (1499), Maguncia (1500), Viena (1501), Valencia (1530), Zaragoza, Granada, Alcalá de Henares, Osuna, Compostela y Toledo (1617), Baeza, Salamanca y Valladolid (1618), Barcelona y Huesca (1619), etc. Hay también pueblos, que se comprometen a defender dicho privilegio, el primero de los cuales es el de Villalpando (Zamora).

el de quien había de ser su hijo, es decir, el Hijo de Dios: Dios Hijo. Según la economía de la Redención, el Logos había de hacerse carne, hombre, de una mujer, verdadera hija de Eva, sin dejar de ser Persona divina. María había de ser la Nueva Eva de la que hablarán los Padres. En y de Ella —*ex Maria Virgine*—, en su seno, por obra del Espíritu Santo, había de tener lugar nada menos que la *unión hipostática,* es decir María había de ser procreadora de un ser verdaderamente humano que no se convertiría *después* en Dios, sino que sería desde el momento de la concepción el ser humano (naturaleza humana) de Dios Hijo. El cuerpo de María —y antes, no se olvide, su mente, por tanto, toda su alma, todo su ser — había de *ser digno de tal acontecimiento.* El Dios de Dios, Luz de Luz, Santidad absoluta y eterna en Persona había de ser concebido en el tiempo, propiamente por una madre, María (*ex Maria*).

Es comprensible que a esa luz leamos *Lucas 1, 28* interpretando en sentido plenísimo el término *kecharitomene*: creada desde el principio de su existir llena de gracia; hecha de la misma *materia natural* que su madre Ana, pero profundamente transformada por la gracia al extremo de ser desde el primer momento una criatura hecha nueva [37], la Mujer Nueva, con más Gracia que la de todos los santos, incluidos los Ángeles, como corresponde, *en cuanto es posible*, a la dignidad de poder llegar a concebir a una Persona divina (porque verdaderamente es *Theotokos*, Madre de Dios Hijo). Si se piensa en la grandiosidad del evento difícilmente puede negársele a la Madre de Dios tal privi-

---

[37] Cfr. CEC 493

legio: *más que Ella solo Dios*. El misterio es enorme. El acontecimiento supera todo lo creatural. Su cuerpo, todo su ser, había de implicarse de alguna manera en la unión hipostática (unión de la naturaleza divina con la naturaleza humana en la Persona del Verbo); su cuerpo había de ser *previamente* santificado del modo máximo posible en una criatura. Su santidad había de ser —en cuanto fuera factible al poder de Dios— *a la medida* de la santidad del Hijo. Como reza la Liturgia, Dios Padre preparó *el cuerpo y el alma de María como digna morada de su Hijo*[38].

Enseña el Concilio Vaticano II que para preparar una *digna morada a su Hijo*, quiso Dios que su Madre fuera santísima, libre de toda culpa y pecado, es decir, rigurosa y estrictamente inmaculada, sin mancha alguna. Para ser la Madre del Salvador, María fue «dotada por Dios con dones a la medida de una misión tan importante»[39]. Así, pues, como la gracia que recibe es *para ser la Madre de Dios*, la recibe —en lo posible— proporcionada, en plenitud[40]. No podemos hacernos idea cabal. Pero se entiende que Santo Tomás no pueda dejar de reconocer que la Madre de Dios goza de una «cierta dignidad infinita»[41]; que Cayetano afirme que «alcanza los límites de la divinidad»[42]; que San Buenaventura asegure que «Dios puede hacer un mundo mayor, pero no puede hacer una Madre más perfecta»[43]; y que Pío XII diga que «la dignidad de la Madre de Dios es singularísima, sublime y casi divina»[44].

---

[38] *Preces selectas*, antífona siguiente al canto o rezo de la Salve; también Benedicto XVI, *Después del Angelus*, 8-XII-2005, 2006, 2007.

[39] LG 56; CEC 490. • [40] Cfr. LG 53.

[41] Santo Tomás de Aquino, S. Th., I, q. 25., a. 6 ad 4.

[42] Cayetano, In II-II, 103, 4 ad 2. • [43] San Buenaventura, *Speculum*, 8

[44] Pío XII, *Ad Caeli Reginam*, 11-X- 1954.

¿Cómo podía concebir la mente divina, en su designio eterno de redención, a la que iba a ser Hija, Madre y Esposa de Dios? San Josemaría Escrivá lo expresa así: «¿Cómo nos habríamos comportado, si hubiésemos podido escoger la madre nuestra? Pienso que hubiésemos elegido a la que tenemos, llenándola de todas las gracias. Eso hizo Cristo: siendo omnipotente, sapientísimo y el mismo Amor, su poder realizó todo su querer (...). Los teólogos han formulado con frecuencia un argumento semejante, destinado a comprender de algún modo el sentido de ese cúmulo de gracias de que se encuentra revestida María y que culmina con la Asunción a los cielos. Dicen: *convenía, Dios podía hacerlo, luego lo hizo*[45]. Es la explicación más clara de por qué el Señor concedió a su Madre, desde el primer instante de su inmaculada concepción, todos los privilegios. Estuvo libre del poder de Satanás; es hermosa —*tota pulchra!*—, limpia, pura en alma y cuerpo»[46].

Juan Pablo II sintetiza nuestro tema: «María es "llena de gracia", porque la Encarnación del Verbo, la unión hipostática del Hijo de Dios con la naturaleza humana, se realiza y cumple precisamente en ella. Como afirma el Concilio, María es "Madre de Dios Hijo y, por tanto, la hija predilecta del Padre y el sagrario del Espíritu Santo; con un don de gracia tan eximia, antecede con mucho a todas las criaturas celestiales y terrenas".» (RM 9)

El *Catecismo de la Iglesia Católica* enseña también que «convenía que fuese "llena de gracia" la madre de Aquél en quien "reside toda la Plenitud de la Divinidad corpo-

---

[45] Cfr. Juan Duns Escoto, *In III Sententiarum*, dist. III, q. 1.
[46] San Josemaría Escrivá, *Es Cristo que pasa*, núm 171.

ralmente"». Ella fue concebida sin pecado, por pura gracia, como la más humilde de todas las criaturas, la más capaz de acoger el don inefable del Omnipotente. Con justa razón, el ángel Gabriel la saluda como la «Hija de Sión»: «Alégrate». Y enseguida añade «llena de gracia», o más literalmente: «transformada (maravillosamente) por la gracia (de Dios)». Todo fiel cristiano es transformado por la gracia (cf. Ef 1, 6), pero la transformación que Dios ha obrado en María es insospechada, porque ha sido con vista a su maternidad divina. María ha sido elegida como Madre de Dios. El Verbo va a hacerse carne en Ella.

Nunca habremos de perder de vista que la Virgen ha sido, es y será siempre criatura. No hay seres intermedios entre criatura y Creador, como se imagina en algunas teosofías. Tampoco Cristo es hombre convertido en Dios, sino Dios hecho hombre: la Persona del Verbo asume una naturaleza humana, sin mezcla ni confusión entre su naturaleza humana y la naturaleza divina. Por ello mismo la «plenitud» de gracia de que estamos hablando en María implica una suerte de *divinización* inimaginable, por *participación*, aunque no fuera inicialmente absoluta, como la de Cristo, sino relativa y progrediente (creció con su correspondencia a lo largo de su vida en la tierra). Pero, como han afirmado los Padres de la tradición oriental, la Madre de Dios es «la Toda Santa» («*Panagia*»); la celebran como inmune de toda mancha de pecado, como plasmada por el Espíritu Santo y hecha nueva criatura [47]. También afirman que por la gracia de Dios, María

---

[47] Cfr. CEC 493.

ha permanecido pura de todo pecado personal a lo largo de toda su vida.

La necesidad de disponer de una libertad perfecta

El Catecismo indica otra poderosa razón de la gran conveniencia de la plenitud de gracia de María desde el primer instante de su concepción: para poder dar el asentimiento libre de su fe al anuncio de su vocación era preciso que ella estuviese totalmente poseída por la gracia de Dios. La respuesta de María al mensaje divino del Ángel requería toda la fuerza de una libertad purísima, abierta al don más grande que pueda imaginarse y también a la cruz más pesada que jamás se haya puesto sobre el corazón de madre alguna (la «espada» de que le habló Simeón en el Templo). Aceptar la Voluntad de Dios conllevaba para la Virgen cargar con un dolor inmenso en su alma llena del más exquisito amor. Saber, como hubo de saber María —al menos por la instrucción que recibió de la Sagrada Escritura, como todos los israelitas y su singular agudeza intelectual— que Dios le proponía ser madre de quien estaba escrito: «No hay en él parecer, no hay hermosura que atraiga las miradas, ni belleza que agrade. Despreciado, desecho de los hombres, varón de dolores, conocedor de todos los quebrantos, ante quien se vuelve el rostro, menospreciado, estimado en nada». Era muy duro aceptar tal suerte para quien había de querer mucho más que a Ella misma. La Virgen María necesitó toda la fuerza de su voluntad humana, las virtudes infusas y los dones del Espíritu Santo en plenitud para poder decir —con toda consciencia y libertad— su *fiat* al designio divino. Esta enorme riqueza espiritual no rebaja un punto su mérito: sencilla y grandiosamente hace posible lo que sería humanamente imposible: da a María la capacidad del *sí* rotundo. Ella puso su entera y libérrima voluntad. Para entendernos: Dios me ha dado a mí la gracia de responder afirmativamente a mi vocación divina. Sin esa gracia no habría podido decir que sí; pero con ella no quedé forzado a decirlo. Podía haber dicho que no sin ofenderle, pues, en principio, la vocación divina no es un mandato inesquivable, sino una invitación: «si quieres, ven y sígueme».

Privilegios incluidos en la plenitud de gracia

Inmune de toda imperfección voluntaria

Los Santos Padres descartan no sólo cualquier especie de pecado en la Madre de Dios, también la juzgan ajena a toda imperfección voluntaria, hasta el punto de negar en Ella cualquier acto imperfecto o remiso de caridad. La entienden siempre dispuesta a responder de inmediato a cualquier inspiración o sugerencia divina y en modo alguno inclinada al mal. Esto es *teológicamente cierto*. «Ninguna pasión desordenada, ninguna vana inquietud, ninguna distracción, venían a atenuar su amor por Dios; y su celo por la restauración de la vida sobrenatural de las almas (LG, 61) era proporcional a ese impulso, y se ofrecía incesantemente y ofrecía a su Hijo por nuestra salvación»[48].

---

[48] Ferrer Arellano, Joaquín, *La Mediación Materna de la Inmaculada*, Ed. Arca de la Alianza, Madrid 2006, p. 56.

Libérrima, en todo momento

La Virgen María fue libérrima en todo momento. La libertad no consiste en la posibilidad de hacer el mal (esa posibilidad es en nosotros un signo, pero también una imperfección de la libertad y, si caemos en ella, un detrimento de nuestra capacidad de elegir el bien). Lo que define a la libertad humana es propiamente la autodeterminación, la capacidad de dirigir los propios actos moviéndose por sí misma al bien que conviene a su naturaleza. La Virgen eligió siempre, no ya «cosas buenas», sino, con amor indecible, aquellas cosas buenas que Dios le proponía. Podía, a veces, haber dicho que no sin ofenderle. Pero su *fiat* radicado en un amor sin sombra de egoísmo, fue entero y constante a los requerimientos divinos. «Con razón piensan los Santos Padres que María no fue un instrumento puramente pasivo en las manos de Dios, sino que cooperó a la salvación de los hombres con fe y obediencia libres».

Sujeta al dolor

Estuvo sujeta al dolor. En nosotros el dolor es consecuencia del pecado original, pero en María no. ¿Fue consecuencia de su propia naturaleza humana, que de por sí está sujeta al dolor y a la muerte corporal? La impasibilidad fue un privilegio especial concedido a nuestros primeros padres y no una propiedad de la naturaleza. Lo perdieron por el pecado y el mismo Verbo cuando asume una naturaleza humana absolutamente santa, la asume pasible y mortal. Ahora bien, al desprendimiento de la gloria que le

61

pertenecía como Dios-Hombre, le llamamos, con San Pablo, *kénosis* [49], despojamiento: se anonadó a sí mismo, haciéndose igual a nosotros salvo el pecado. Del mismo modo quiso que así aconteciera en María: santísima, sin sombra de pecado pero pasible y mortal, partícipe de la *kénosis* de su Hijo, siendo inmaculada pasó como una más. Es seguro que María padeció al corredimir con Cristo. Una *espada* le atravesó el alma, como le anunciara Simeón. El privilegio de la Inmaculada Concepción, lejos de sustraer el dolor de María, aumentó en Ella su capacidad de sufrimiento, porque cuando es de amor el dolor, tan grande es el dolor como el amor. La Trinidad la dispuso de tal modo que no desaprovechó ninguno de los dolores queridos o permitidos por el Padre, ofreciéndolos con los de su Hijo por nuestra salvación.

Plenitud de Gracia inicial

Ya hemos hablado de ello. Como consecuencia de la plena unión con Dios, la Virgen está llena de Gracia, así como de las virtudes infusas y los dones del Espíritu Santo. María se encuentra situada desde el principio en un orden superior al de todas las demás criaturas. Superior en Gracia incluso a los ángeles —superiores a Ella por naturaleza, pero inferiores en Gracia—, que por cierto no han tenido pecado original.

---

[49] Cfr. Flp 2, 6-8.

Plenitud creciente de Gracia en el transcurso de su vida

La plenitud de Gracia inicial de María no fue como la de la naturaleza humana de Cristo, que por razón de la unión hipostática, fue sustancialmente santa por la santidad increada del Verbo. Era plena y perfecta, pero no infinita. Podía crecer y de hecho, al corresponder en todo momento a las mociones de Dios, creció a lo largo de su vida. Es sentencia común de los teólogos, que en el momento de la Encarnación, como consecuencia del «fiat», recibió un aumento de Gracia que sería notabilísimo. Es lógico si pensamos que Cristo es Causa (subordinada a la Causa primera, que es Dios) de la Gracia. Por lo demás, el amor recíproco entre el Hijo y la Madre sería una causa ininterrumpida de incremento de Gracia para Ella.

Finalmente, Santa María goza en el Cielo de la más perfecta bienaventuranza de la que pueda ser capaz una persona creada, manifestada tanto en su Asunción corporal al Cielo como en su Mediación universal. Allá se encuentra —dice San Josemaría Escrivá— «elevada a dignidad tan grande, hasta ser el centro amoroso en el que convergen las complacencias de la Trinidad. Sabemos que es un divino secreto. Pero, tratándose de Nuestra Madre, nos sentimos inclinados a entender más —si es posible hablar así— que en otras verdades de fe» [50].

[50] San Josemaría E., *Es Cristo que pasa*, 171, 3.

La criatura que está en lo más alto, no es sin embargo, la más lejana a nuestra poquedad. La Iglesia ha salido al paso de errores, también recientes, sobre este particular, y ha proclamado en el Concilio Vaticano II que María es «Aquélla, que en la Santa Iglesia ocupa después de Cristo el lugar más alto y el más cercano a nosotros» [51]. «Esta suprema pureza no debe hacernos sentir lejana a María, a pesar de nuestra condición de pecadores, pues dicha pureza está *totalmente al servicio de los hombres.* Debemos considerarla como sostén seguro en la lucha contra las potencias del mal, como luz brillantísima de verdad, como motivo invencible de esperanza y de gozo» [52]. Esto es verdaderamente consolador y estimulante.

El Verbo de Dios se hizo hombre para compartir nuestras miserias y angustias, hecho semejante a nosotros en todo, excepto en el pecado. Y esta realidad de ser Persona divina con doble naturaleza, divina y humana, es la más profunda proximidad —la comunión más íntima- que Dios ha podido establecer con el hombre, la cercanía más íntima y cordial. Lo mismo sucede, salvadas las diferencias, con María. Cuanto más próxima a Dios está una persona, más participa de su grandeza y de su condescendencia e intimidad con el corazón humano para elevarlo a horizontes nuevos de amor y grandeza divina. Dios hizo a la Virgen Inmaculada no sólo para que fuera Su Madre, sino también para unirla íntimamente a Él en toda la obra de la Redención, lo mismo cuando ésta se lleva a cabo en el Calvario que cuando se aplica en los distin-

---

[51] LG VIII, 54. • [52] Juan Pablo II, Angelus, *Viernes 8 de diciembre de 1989.*

tos momentos de la vida de cada ser humano. Quiso Dios reunir en María todos los privilegios y dones de la gracia para que fuera también nuestra Madre, nuestra Abogada y Auxiliadora. Así resulta ser, como dice Pablo VI, la Mujer «toda ideal y toda real», que presenta a su Hijo nuestras lágrimas y nuestras alegrías, para que Dios las bendiga.

Para terminar este capítulo, viene como anillo al dedo lo dicho por Pío XII: «que no hay en verdad para los sagrados pastores y para los fieles todos nada 'más dulce ni más grato que honrar, venerar, invocar y predicar con fervor y afecto en todas partes a la Virgen Madre de Dios, concebida sin pecado original'» [53]. Finalmente, permítasenos citar aquí a Paul Claudel: «El ejemplar típico de toda alma, la Santísima Virgen, la Inmaculada Concepción, esa criatura sublime que el Eterno puso delante de sus ojos como para animarse a crear al mundo. ¿Cómo extrañar, pues, que, a su vista, se cicatricen las llagas, que lo torcido —toda una arquitectura dislocada— se enderece, que los sentidos obturados se abran otra vez, que los tejidos destrozados se reconstruyan, que los corazones oprimidos se dilaten, que nos sintamos en cuerpo y alma invitados a imitar a esa imagen de Dios que brilla en lo alto, humilde, triunfante, agradecida, creyente y suplicante? Ella pisa con sus talones las zarzas secas del invierno y, a sus pies, florecen ya las rosas de primavera. Ella nos alarga su rosario invitándonos a subir. Sí, Madre de Dios, imagen suya: contigo queremos ir subiendo de rosa en rosa hasta llegar a la felicidad infinita»[54].

---

[53] FuC, I, párr. 10; InD, l.c.
[54] Paul Claudel, *¡Señor, enséñanos a orar!*, Ed. Excelsa, Buenos Aires 1946, pp. 73-74.

Capítulo III
LA VIRGINIDAD DE MARÍA

«*Nosotros creemos que María es la Madre, que permaneció siempre Virgen, del Verbo encarnado, nuestro Dios y Salvador Jesucristo*» [1]

Tres aspectos del misterio

Todos los misterios salvíficos que Dios nos ha revelado se entrelazan en una maravillosa sinfonía, calando en el corazón de los fieles a medida que la van comprendiendo en su conjunto, de principio a fin, ahondando en cada nota, en cada movimiento particular. Contemplarlos, estudiarlos, escuchar una y otra vez la melodía, lejos de cansar, abre horizontes nuevos al entendimiento y al corazón: enamoran. Para ello es indispensable superar la actitud racionalista que pretende encerrar la realidad, también a Dios, dentro de los límites de lo controlable por la lógica estrictamente racional, o acaso someterla a la comprobación empírica de un laboratorio. Es preciso acercarse a la Palabra

---

[1] Pablo VI, *Profesión de fe*, en la Clausura del «Año de la fe», 30 de junio de 1968. Para un estudio más amplio de la Virginidad de María: Juan Luis Bastero de Eleizalde, *Virgen Singular*, Rialp, Madrid 2001. Será útil, para toda la Mariología, consultar Juan Pablo II, *La Virgen María*, Libros Palabra, Madrid 1998; Así como las notas correspondientes de la *Sagrada Biblia*, de la Facultad de Teología de la Universidad de Navarra, Pamplona.

de Dios —Palabra, Verbo, Logos— no para juzgar Su Lógica con la medida de nuestra lógica, sino para enriquecer y trascender la nuestra con la Suya.

Hay tres misterios especialmente implicados entre sí: el misterio de la Santísima Trinidad, el misterio de la Encarnación del Verbo, el misterio de la Maternidad divina de María. Este último, es el principal y más grande misterio mariológico. Como hemos visto en el capítulo anterior, María ha sido concebida inmaculada, llena de gracia. En éste veremos que ha sido llamada a permanecer siempre virgen, por ser la elegida como Madre del Logos encarnado. Maternidad y virginidad son alternativas de la mujer, excluyentes por naturaleza entre sí, que Dios ha querido reunir por milagro en su Madre.

La Iglesia ha manifestado de modo constante su fe en la virginidad perpetua de María. Los textos más antiguos llaman a María sencillamente «La Virgen», dando a entender que consideraban esa cualidad como un hecho referido a todo el arco de su vida. Los cristianos de los primeros siglos expresaron esa convicción de fe mediante el término griego *Aie-parthenos*, «siempre virgen», creado para calificar de modo único y eficaz la persona de María, y así expresar en una sola palabra la fe de la Iglesia en su virginidad perpetua. Lo encontramos ya en el segundo símbolo de fe de San Epifanio, en el año 374, con relación a la Encarnación: el Hijo de Dios «se encarnó, es decir, fue engendrado de modo perfecto por Santa María, la siempre virgen, por obra del Espíritu Santo»[2].

---

[2] *Ancoratus*, 119, 5: *DS* 44.

El dogma de la Virginidad de María comprende tres aspectos íntimamente unidos entre sí, como lo expresó Pablo IV en 1555: la Madre de Dios «perseveró siempre en la integridad de la virginidad, es decir, antes del parto, en el parto y perpetuamente después del parto» [3].

Virginidad antes del parto

La afirmación de la virginidad antes del parto es, sin duda, la más importante, ya que implica a la concepción de Jesús y toca directamente el misterio mismo de la Encarnación. La fe católica afirma que Nuestra Señora concibió a Jesús no por obra de varón, sino por obra del Espíritu Santo: *absque semine ex Spiritu Sancto* [4]. María, «guardando intacta su virginidad y no habiendo conocido unión viril, suministró al Verbo la materia de la carne, fecundada por el Espíritu Santo» [5]. Se cumplía así la profecía de Isaías: «una virgen concebirá y dará a luz un hijo, y será su nombre Emmanuel (Dios con nosotros)» (Is 7, 14).

El Credo que en ocasiones rezamos en la Misa —Símbolo Constantinopolitano—, resume lo más nuclear de la fe católica, y dice así: «Creo en Jesucristo (...) Nuestro Señor, que fue concebido por obra y gracia del Espíritu Santo, nació de Santa María Virgen». El texto latino del Credo es muy expresivo: «ex María Virgine» [6], es decir, no

---

[3] Pablo IV, Constitución *Cum quorumda,* 7-VIII-1555.
[4] Cc Letrán, año 649, DS 503; CEC 496.
[5] Concilio XI de Toledo, año 693.
[6] Símbolo Constantinopolitano, DS 150.

sólo «en» María, sino «de» María, de su ser, de su carne. «Ella —dice Juan Pablo II—, en su humana y virginal substancia, queda fecundada con la potencia del Altísimo. Gracias a esta potencia y en virtud del Espíritu Santo, Ella se convierte en Madre del Hijo de Dios, aun permaneciendo Virgen»[7].

Virginidad en el parto

María conservó inviolada su virginidad corporal al dar a luz a Jesucristo, por especialísima y sobrenatural intervención divina. Lejos de menoscabar la integridad del cuerpo de su Madre, Jesús la dejó intacta al nacer. Los Santos Padres proclaman unánimes esta verdad. San Ignacio de Antioquía, discípulo inmediato de San Juan, afirma que «al príncipe de este mundo [Satanás] quedó oculta la virginidad de María y su parto»[8], porque solo Dios y los Ángeles eran dignos de contemplar tal misterio. «Tal nacimiento —explicaba el papa San León— era el que convenía a la fortaleza de Dios y a su sabiduría, que es Cristo, de forma que se hiciese semejante a nosotros en la humanidad y nos aventajase por la divinidad»[9]. San Agustín: María «fue Virgen al concebir a su Hijo, Virgen al parir, Virgen durante el embarazo, Virgen después del parto, Virgen siempre»[10]. Los términos son inequívocos y la extensión del dogma no admite duda: María es la siempre virgen, en todos los sen-

[7] Juan Pablo II, *Homilía en el Santuario de Pompeya*, 21-X-79.
[8] S. Ignacio de Antioquía, *Epist. Ad Ephes.* 19.
[9] S. León I, *In Nat. Dom.* Serm. I. • [10] S. Agustín, *Serm.* 186, 1; CEC 510.

tidos de la palabra. *Talis decet partus Deum*[11]. Tiene su lógica: a la concepción virginal de una Persona divina, conviene que se siga un nacimiento igualmente virginal. No nos hallamos en un ámbito de necesidades «ontológicas» o «metafísicas», sino en la lógica divina de un Dios que es Amor.

Después de muchos siglos, en los que no han faltado detractores —como en todas las verdades que enseña la Iglesia con la Escritura Santa en la mano—, Pablo VI ratificaba la doctrina de la virginidad perpetua de María, «Virgen en el parto y después del parto, como siempre ha creído y profesado la Iglesia católica y como convenía...»[12].

A la cuestión del cómo ha podido suceder tal prodigio, la respuesta no es otra que por milagro de la divina omnipotencia. No fue milagro que Jesucristo entrara en el Cenáculo a través de puertas cerradas, porque su modo de existencia era la transformada del Resucitado, dotada con lo que se llama el don de sutileza. La bella ilustración clásica para el nacimiento virginal es el de la luz del sol que pasa a través de un cristal, sin romperlo ni mancharlo; así el Verbo de Dios, esplendor del Padre, entró en la virginal morada y de allí salió, cerrando para siempre el claustro materno[13].

Virgen después del parto

Así lo entendieron siempre los fieles cristianos[14]. Podemos añadir que los Santos Padres aplicaron espiritualmente a Ma-

---

[11] S. Ambrosio, *Ep.* 42. • [12] Pablo VI, Exh. *Signum Mágnum*, 1967.
[13] Cfr. S. Atanasio, *Quaest.* 19; San Bernardo, *Hom. 2 super Missus est*, etc.
[14] Cfr. S. Cilicio papa, Carta *Accepi litteras vestras*, año 392.

ría las expresiones «huerto cerrado, fuente sellada» del Cantar de los cantares (Cant 4, 12) y también la visión del Templo narrada por el profeta Ezequiel: «me llevó de nuevo a la puerta exterior del santuario que daba al oriente, pero estaba cerrada. Y me dijo Yavé: esta puerta ha de estar cerrada para siempre, no se abrirá ni entrará por ella hombre alguno, porque ha entrado por ella Yavé, Dios de Israel» (Ez 44, 1-2). Estas palabras las aplican típicamente los Santos Padres a la virginidad perpetua de María: «¿Qué puerta es esta, sino María? —se pregunta San Ambrosio—. Por eso está cerrada, porque es virgen. La puerta es, pues, María, por la que Cristo entró en este mundo cuando fue dado a luz en el parto virginal, y no destruyó la integridad de la Virgen» [15]. Y Santo Tomás: «¿Qué es la puerta cerrada en la casa del Señor, sino que María será siempre intacta? ¿Y qué significa que varón no pasó por ella, sino que José no la conoció? ¿Y que es que solo el Señor entra y penetra por ella, sino que la fecundará la virtud del Espíritu Santo? ¿Y qué es estará cerrada eternamente, sino que María fue virgen antes del parto, en el parto y después del parto?» [16]. Más adelante, al comentar la Anunciación según Lucas volveremos sobre este punto.

Objeciones inconsistentes:

Los «hermanos» de Jesús

Una objeción a la virginidad perpetua de María, que persiste a pesar de su inconsistencia (entre gentes que des-

---

[15] Cfr. S. Ambrosio, *De instit. Virg.*, c. 7.
[16] Santo Tomás de Aquino, *S. Th.* III, q. 28, a. 2.

conocen la cultura bíblica) es la alusión que los Evangelistas hacen a los «hermanos» de Jesús [17]. Es bien sabido que en los idiomas antiguos hebreo, árabe, arameo (la lengua hablada por Jesús), etc., no había palabras concretas para indicar los grados de parentesco que existen en otros idiomas más modernos, como la palabra «primo». En general, todos los pertenecientes a una misma familia, clan, incluso tribu, eran «hermanos». «Hermanos» se llamaba a los sobrinos, los primos hermanos y los parientes en general. Así, por ejemplo, en Gen 13, 8 y 14, 14.16 se llama a Lot hermano de Abraham, mientras que por Gen 12, 5 y 14, 12 sabemos que era sobrino, hijo de Aram, hermano de Abraham. En Gen 29, 15 se llama a Labán hermano de Jacob, cuando era hermano de su madre (Gen 29, 10). Esta confusión se debe a la sencillez del lenguaje hebreo y arameo: carecen de términos distintos y usan una misma palabra, hermano, para designar grados diversos de parentesco. Mc 6, 3, da una lista de hermanos de Jesús, entre ellos Santiago y José, quienes por Mc 15, 40 y Jn 19, 25, sabemos eran hijos de María de Cleofás. Por otra parte, si Jesús hubiera tenido otros hermanos no se entenderían bien sus palabras en la Cruz, confiando su Madre a un discípulo (Juan): «Mujer, ahí tienes a tu hijo»; «ahí tienes a tu madre» (Jn 19, 26-27). Pero bastaría preguntar a los actuales hebreos y también a muchos de otros pueblos, también a conocidos nuestros, para observar la naturalidad de este modo de expresarse, incluso entre amigos.

---

[17] Cfr. Mt 12, 46-47; 13, 55; Mc 3, 31-32; Jn 7, 3-10.

El nombre «primogénito»

También se ha pensado negar la virginidad de María argumentando que Jesucristo es llamado «primogénito» (cf. Lc 2, 7), como si esa expresión diera a entender que María engendró otros hijos después de Jesús. Pero la palabra «primogénito» significa literalmente «hijo no precedido por otro» y, de por sí, prescinde de la existencia de otros hijos. Además, el evangelista subraya esta característica del Niño, pues con el nacimiento del primogénito estaban vinculadas algunas prescripciones de la ley judaica, independientemente del hecho de que la madre hubiera dado a luz otros hijos. Por ello a cada hijo único se aplicaban las de «el primogénito» (cf. Lc 2, 23).

La ciencia empírica

Indudablemente una consideración biologista del asunto no alcanza a comprender cómo ello es posible. Justamente, los relatos evangélicos [18] presentan la concepción virginal de María no como un acontecimiento natural, sino como una obra divina —de Dios Uno y Trino— que sobrepasa todo poder humano: «Lo concebido en ella viene del Espíritu Santo» [19], dice el Ángel a José a propósito de María, su desposada. La Trinidad —Padre, Hijo y Espíritu Santo— está comprometida en esta obra, como anuncia el ángel Gabriel: Jesús, el Salvador es el Hijo del Altísimo, el Hijo

---

[18] Cfr. Mt 1, 18-25; Lc 1, 26-38. • [19] Cfr. Mt 1, 20.

de Dios; está presente el Padre para proyectar su sombra sobre María, está presente el Espíritu Santo para descender sobre Ella y fecundar su seno intacto con la potencia del Padre [20]. La Iglesia ve en ello el cumplimiento de la promesa divina hecha por el profeta Isaías: «He aquí que la virgen concebirá y dará a luz un Hijo» [21].

En fin, reducir la revelación divina sobre este misterio a términos parciales o meramente espiritualistas, es apartarse del significado de los textos evangélicos, de la Tradición apostólica y del Magisterio de la Iglesia.

Nos hallamos ante un gran milagro, ante un acontecimiento sobrenatural que escapa a la comprobación histórica, pero poseemos testimonios dignos de toda credibilidad.

El misterio en la Sagrada Escritura

El Evangelio de Mateo

Estaba escrito en Isaías 7, 14. El profeta contempla el hecho prodigioso que significa —y ha de traer— la salvación al pueblo de Dios: «La virgen ha concebido y ha dado a luz un hijo, que será llamado [es decir, «será»] Inmmanu-El, esto es, «Dios-con-nosotros». El contexto de Is 7, 14, exige, desde luego, el significado de concepción y parto virginales de la doncella-virgen. Las formas verbales «ha concebido» y «ha dado a luz», tienen valor de perfecto y, por

---

[20] Cfr. Juan Pablo II, *Aud. Gen.*, 25-III-1981.
[21] Is 7, 14 según la traducción griega de Mt 1, 23. Cfr. CEC 497; cfr. DS 291, 294, 427, 442, 503, 571, 1880.

consiguiente, se refieren también a la condición virginal persistente después de la concepción y del parto.

Mateo 1, 18-25 nos da hecha la interpretación auténtica de Is 7, 14. El Evangelista viene a decir: el Emmanuel es Jesucristo; la Virgen grávida y que da a luz es Santa María. La profecía de Is 7, 14 tiene su cumplimiento en la concepción y parto virginales de la Doncella de Nazaret. Su Hijo, Jesús, es el Emmanuel que salvará a su pueblo de sus pecados. Pío VI, en el año 1779, condenó la interpretación de Is 7, 14 opuesta al sentido mesiánico que hemos indicado [22].

El mismo Evangelista afirma que el Ángel del Señor reveló a José que «lo concebido en Ella (María) es del Espíritu Santo» (Mt 1, 20). También lo afirma indirectamente al presentar la genealogía de Jesús, que arranca de Abraham: «Abraham engendró a Isaac; Isaac engendró a Jacob; Jacob engendró a Judá y a sus hermanos...» (1, 2). Así hasta llegar a José, de quien dice: «Jacob engendró a José, el esposo de María, de la cual nació Cristo» (1, 16). Después de una larga lista de varones que engendraron hijos, el Evangelista hace un quiebro literariamente espectacular y en lugar de decir que «José engendró a Jesús», contra toda lógica literaria, dice: «José, Esposo de María, de la cual nació Jesús, que es llamado Cristo» (1, 17). La intención, en el contexto es clara: excluir la intervención de José en la concepción de Jesús; pero le menciona, porque José ha de ser el padre legal de Jesús.

---

[22] Cfr. *Enchir. Biblicum*, 4.ª ed. núm. *74*.

La primera noticia que Lucas —el Evangelista de la infancia de Jesús— nos da de María es que se trata de «una virgen desposada con un hombre llamado José, de la casa de David; el nombre de la Virgen era María»[23]. No es de extrañar que el evangelista nos hable de una «virgen desposada». La costumbre judaica establecía dos etapas. «En primer lugar, se contraía el matrimonio propiamente dicho. Pero los jóvenes esposos no pasaban a cohabitar inmediatamente. Seguían viviendo durante un cierto tiempo en el seno de las familias respectivas, y sólo al cabo de algunas semanas o de algunos meses (según las costumbres locales) se celebraba la segunda fase. Entonces iba el joven a buscar solemnemente a su esposa a la casa de sus padres con el fin de introducirla en su propio hogar. Únicamente a partir de este momento podían los esposos mantener relaciones íntimas»[24].

Cuando Lucas nos presenta a la Virgen desposada, indica que aún no vivía con José bajo el mismo techo[25]. Las primeras palabras de María suenan a una rotunda afirmación de su virginidad física. La pregunta «¿cómo se hará esto?» plantea muchos interrogantes acerca de su significación. Sin embargo, la continuación de la frase «pues no conozco varón», es inequívoca: equivale a decir exacta-

---

[23] Lc 1, 26-27.

[24] I. de la Potterie, *María en el misterio de la Alianza,* Madrid 1993, p.54; Josemaría Monforte, *José de Nazaret en el Tercer Milenio cristiano.* Panorama eclesial, bíblico y teológico, Ed. EIUNSA, Madrid, 2001, cap. 11 (José de Nazaret, «Esposo» de María), pp. 279-297.

[25] Cfr. Lc 1, 26-38.

mente: «pues yo soy virgen». Otro dato incuestionable, si nos atenemos al texto de Lucas, es que el Ángel confirma a María en su virginidad (cosa insólita en su contexto cultural religioso) y la esclarece con el anuncio de su maternidad extraordinaria: «El Espíritu Santo vendrá sobre ti y el poder del Altísimo te cubrirá con su sombra; porque el que nacerá santo (quizá = «santamente», según el concepto levítico) será llamado (=será) Hijo de Dios». María concebirá en su seno un hijo por obra del Espíritu Santo, sin intervención alguna de varón. La actual exégesis bíblica confirma que la expresión «Por lo cual, lo que nacerá santo...» puede muy bien significar textualmente que el nacimiento de Jesús será también virginal, es decir, sin lesión alguna para la madre y, por consiguiente sin pérdida de sangre: «non ex sanguinibus», no de la sangre, dirá más tarde San Juan [26]. El Mesías anunciado sería no ya un hombre extraordinario, sino Dios en Persona, el Hijo Unigénito del Padre, que por obra del Espíritu Santo, sería también Hijo del hombre, por serlo de Ella, pero sin concurso de varón.

Ahora bien, ¿cuál es el alcance de las palabras «yo soy virgen», que son traducción del texto griego? ¿Implica la decisión de ser virgen para siempre aún estando desposada con José? ¿No resulta muy extraña una decisión semejante? Y si fue así, ¿cuándo la tomó? Las interpretaciones que se han dado son muy variadas. Los autores católicos se inclinan abrumadoramente por la voluntad de María de permanecer siempre virgen ya antes de la Anunciación, in-

---

[26] Cfr. I. de la Potterie, o.c, pp. 62, 63.

cluido Juan Pablo II. Permitamos al gran papa mariano que nos exponga su argumento:

> «El ángel no pide a María que permanezca virgen; es María quien revela libremente su propósito de virginidad. En este compromiso se sitúa su elección de amor, que la lleva a consagrarse totalmente al Señor mediante una vida virginal.
>
> Al subrayar la espontaneidad de la decisión de María, no debemos olvidar que en el origen de cada vocación está la iniciativa de Dios. La doncella de Nazaret, al orientarse hacia la vida virginal, respondía a una vocación interior, es decir, a una inspiración del Espíritu Santo que la iluminaba sobre el significado y el valor de la entrega virginal de sí misma. Nadie puede acoger este don sin sentirse llamado y sin recibir del Espíritu Santo la luz y la fuerza necesarias.
>
> [...] el Evangelio no testimonia que María haya formulado expresamente un voto, que es la forma de consagración y entrega de la propia vida a Dios, en uso ya desde los primeros siglos de la Iglesia. El Evangelio nos da a entender que María tomó la decisión personal de permanecer virgen, ofreciendo su corazón al Señor. Desea ser su esposa fiel, realizando la vocación de la «hija de Sión». Sin embargo, con su decisión se convierte en el arquetipo de todos los que en la Iglesia han elegido servir al Señor con corazón indiviso en la virginidad.
>
> Ni los evangelios, ni otros escritos del Nuevo Testamento, nos informan acerca del momento en el que María tomó la decisión de permanecer virgen. Con todo, de la pregunta que hace al ángel se deduce con claridad que, en el momento de la Anunciación, dicho propósito era ya muy firme. María no duda en expresar su deseo de conservar la virginidad también en la perspectiva de la ma-

ternidad que se le propone, mostrando que había madurado largamente su propósito.

En efecto, María no eligió la virginidad en la perspectiva, imprevisible, de llegar a ser Madre de Dios, sino que maduró su elección en su conciencia antes del momento de la Anunciación. Podemos suponer que esa orientación siempre estuvo presente en su corazón: la gracia que la preparaba para la maternidad virginal influyó ciertamente en todo el desarrollo de su personalidad, mientras que el Espíritu Santo no dejó de inspirarle, ya desde sus primeros años, el deseo de la unión más completa con Dios.

Las maravillas que Dios hace, también hoy, en el corazón y en la vida de tantos muchachos y muchachas, las hizo, ante todo, en el alma de María. [...]

En definitiva, la elección del estado virginal está motivada por la plena adhesión a Cristo. Esto es particularmente evidente en María. Aunque antes de la Anunciación no era consciente de ella, el Espíritu Santo le inspira su consagración virginal con vistas a Cristo: permanece virgen para acoger con todo su ser al Mesías Salvador. La virginidad comenzada en María muestra así su propia dimensión cristocéntrica, esencial también para la virginidad vivida en la Iglesia, que halla en la Madre de Cristo su modelo sublime. Aunque su virginidad personal, vinculada a la maternidad divina, es un hecho excepcional, ilumina y da sentido a todo don virginal» [27].

Lo dicho no obsta para que el matrimonio de María con José fuese tan verdadero como virginal. Debió mediar un acuerdo entre ambos. Esta práctica no ha sido un caso único, pero debemos entender que José y María sí fueron y son dos

---

[27] Juan Pablo II, *Aud. Gen.*, 7-VIII-1996.

personas únicas e irrepetibles en la Historia de la Humanidad, inmediatas al Corazón de Jesús en la jerarquía del Amor.

María va a ser Madre del Unigénito del Altísimo (Dios Padre). No cabe en Dios Padre tener otro Hijo de su vida infinitamente fecunda, que sea Persona divina, de su misma naturaleza; se dona totalmente al engendrar al Verbo en su Seno divino. Por decirlo gráfica, aunque impropiamente, su paternidad infinita se «vuelca» íntegra en su Unigénito; no puede haber otro Hijo. Paralelamente, la maternidad de María se ha de volcar entera en ese Unigénito del Padre que viene a ser «su» Unigénito. No ha de vivir más que para Él. Pero así como el Padre celestial tendrá incontables hijos viviendo —configurados, identificados, incorporados— en el Hijo, María será Madre de todos los redimidos, vivientes en Cristo: Por el Hijo, su maternidad se extenderá tanto como la del Padre celestial.

El Evangelio de Marcos

A diferencia de San Lucas y San Mateo, el evangelio de San Marcos no habla de la concepción y del nacimiento de Jesús; sin embargo, es digno de notar que San Marcos nunca menciona a José, esposo de María. La gente de Nazaret llama a Jesús «el hijo de María» o, en otro contexto, muchas veces «el Hijo de Dios» (Mc 3, 11; 5, 7; cf. 1, 1. 11; 9, 7; 14, 61-62; 15, 39). Estos datos están en armonía con la fe en el misterio de su generación virginal [28].

---

[28] Juan Pablo II, *Aud. Gen.*, 10-VII-96; CEC 498.

Entre líneas puede leerse la concepción virginal en el Evangelio de San Juan, cuando en el prólogo, que arranca de la consideración del Verbo de Dios, explica que los que creen en su nombre (del Hijo de Dios, Verbo eterno del Padre) «no han nacido de la voluntad de la carne, ni del querer de hombre, sino de Dios». Acto seguido proclama: «Y el Verbo se hizo carne, y habitó entre nosotros»[29]. Según un reciente redescubrimiento exegético, nuestro misterio estaría contenido explícitamente también en Juan 1, 13 que algunas voces antiguas autorizadas (por ejemplo, Ireneo y Tertuliano) no presentan en la sólita forma plural, sino en la singular, esto es: «Él, que no nació de sangre, ni de deseo de carne, ni de deseo de hombre, sino que nació de Dios». Esta traducción en singular convertiría el Prólogo del evangelio de San Juan en uno de los mayores testimonios de la generación virginal de Jesús, insertada en el contexto del misterio de la Encarnación[30].

Este testimonio uniforme de los evangelios confirma que la fe en la concepción virginal de Jesús estaba enraizada firmemente en diversos ambientes de la Iglesia primitiva. Por eso carecen de todo fundamento algunas interpretaciones recientes, que no consideran la concepción virginal en sentido físico o biológico, sino únicamente simbólico o metafórico. Lo mismo hay que decir de la opinión de otros, según los cuales el relato de la concepción virginal sería, un *theologoumenon*, es decir, un modo de expresar una doctrina teológica,

---

[29] Jn 1, 13-14. • [30] Cfr. Juan Pablo II, *Aud. Gen.*, 10-VII-1996.

en este caso la filiación divina de Jesús, o sería su representación mitológica. Pero los evangelios contienen la afirmación explícita de una concepción virginal de orden biológico, por obra del Espíritu Santo, y la Iglesia ha hecho suya esta verdad ya desde las primeras formulaciones de la fe [31].

Enseñanza de los Santos Padres

La fe expresada en los evangelios es confirmada, sin interrupciones, en la tradición posterior. Las fórmulas de fe de los primeros autores cristianos postulan la afirmación del nacimiento virginal: Arístides, Justino, Ireneo y Tertuliano están de acuerdo con San Ignacio de Antioquía, que proclama a Jesús «nacido verdaderamente de una virgen» [32]. Estos autores hablan explícitamente de una generación virginal de Jesús real e histórica, y de ningún modo afirman una virginidad solamente moral o un vago don de gracia, que se manifestó en el nacimiento del Niño. Sobre todo, a partir del siglo IV, San Epifanio, San Jerónimo, San Ambrosio, utilizan con mucha frecuencia el título de «siempre Virgen» y son muchas las obras dedicadas a la perpetua virginidad de Santa María. Consideran el tema de la virginidad en la concepción como un signo y manifestación del Verbo Divino, concluyendo que Dios no podía nacer sino de una Virgen y que sólo una Virgen podía concebir a Dios. «Tal es el parto que a Dios convenía», dice San Ambrosio. San Atanasio, por ejemplo, entiende que la virginidad de María es un claro signo de la

---

[31] Cfr. Juan Pablo II, Aud. Gen., 10-VII-1996; CEC, n. 496.
[32] *Smirn.* 1, 2.

divinidad de su Hijo: «cuando al comienzo desciende hasta nosotros, se construye un cuerpo nacido de una virgen, para ofrecer a todos una prueba no pequeña de su divinidad; el que ha construido este cuerpo, es también el Creador de los otros cuerpos» [33]. «Y esto era lo maravilloso, que a la vez vivía como un hombre y daba vida como un hombre al universo y como Hijo estaba con el Padre. Por esta razón no sufrió al darle a luz la Virgen, ni fue contaminado cuando estaba en el cuerpo, sino que él santificó el cuerpo...» [34].

Más tarde, Santo Tomás de Aquino, resumiendo la sustancia de esta tradición, concluye que «la generación humana de Cristo había de ser reflejo de la divina, que se produce sin corrupción alguna» [35].

El Magisterio de la Iglesia

Como ya hemos apuntado en diferentes ocasiones, el hecho de la virginidad de María está asegurado por una larga serie de decisiones de la Iglesia: desde el Símbolo apostólico, al Símbolo de Constantinopla (a. 381) y el Concilio de Letrán (a.649) [36]. *Lumen gentium* (Concilio Vaticano II) se refiere a

---

[33] San Atanasio, *La Encarnación del Verbo*, Ed. Ciudad Nueva, Madrid 1989, p. 61.

[34] Ibid.

[35] *S. Th.* III, q. 28, a. 1-3; *Contra Gentes IV,* 45.

[36] El Concilio de Letrán en el Canon 3 es también muy explícito: «Si alguno, según los Santos Padres, no confiesa que propia y verdaderamente es Madre de Dios la santa y siempre virgen e inmaculada María, ya que concibió en los últimos tiempos sin semen, del Espíritu Santo, al mismo Dios-Verbo propia y verdaderamente, que antes de todos los siglos nació de Dios Padre, y que dio a luz sin corrupción, permaneciendo indisoluble su virginidad aún después del

este misterio cuando dice que María «presentó a los pastores y a los Magos a su Hijo primogénito, que lejos de menoscabar consagró su integridad virginal» [37]. El magisterio de Juan Pablo II, que llega hasta el año 2005, ya lo conocemos.

La razón ante el misterio de la maternidad virginal de María

El «escándalo» intelectual sólo podría sobrevenir a quienes niegan a Dios o su omnipotencia. ¿Acaso Dios no ha creado el universo «de la nada», no ha sido el origen trascendente de lo que hoy suele entenderse por «big-bang», comienzo material —según dicen— del universo que hoy conocemos? ¿No ha sido Dios el creador de la vida? ¿No ha sido Él quien infundió en una materia preexistente, el «aliento de vida» que llamamos «alma», resultando así la criatura que llamamos «hombre»? ¿El Creador de la inmensidad del cosmos, con toda su prodigiosa gama de perfecciones, no puede fecundar con su «sombra» (su poder todopoderoso) el seno virginal de María haciendo que «de Ella» (no sólo «en Ella») sea concebido un hijo? La respuesta negativa es la que resultaría ininteligible. Sería la negación del

---

parto, sea condenado»; Pablo IV, en la Const. *Cum quorumdam* (a. 1555); *y* DS 504; 1880. «Aunque las definiciones del Magisterio, con excepción del concilio de Letrán del año 649, convocado por el Papa Martín I, no precisan el sentido del apelativo "virgen", se ve claramente que este término se usa en su sentido habitual: la abstención voluntaria de los actos sexuales y la preservación de la integridad corporal. En todo caso, la integridad física se considera esencial para la verdad de fe de la concepción virginal de Jesús (cf. *Catecismo de la Iglesia católica*, n. 496)» (Juan Pablo II, *Aud. Gen.*, 10-VII-1996).

[37] LG 57.

poder creador de Dios y, en consecuencia, de Dios mismo. Lo absurdo, para quien reconoce a Dios como Causa primera trascendente de cuanto existe, sería negar la posibilidad de fecundar a una mujer, sin concurso de varón.

Motivos de Dios para querer a su Madre virgen

El Catecismo de la Iglesia Católica dice que «La mirada de la fe, unida al conjunto de la revelación, puede descubrir las razones misteriosas por las que Dios, en su designio salvífico, quiso que su Hijo naciera de una virgen. Estas razones se refieren tanto a la persona y a la misión redentora de Cristo como a la aceptación por María de esta misión para con los hombres»[38].

a) La primera razón que presenta el Catecismo es la de manifestar la iniciativa absoluta de Dios en la Encarnación. Este punto resulta de especial interés en este tiempo nuestro cuando se difunde la idea de alguna especie de (imposible) autorredención del hombre. La encarnación del Logos y todo el misterio de la Redención que con ella se inicia, no es una iniciativa humana, sino puramente divina. El cristianismo no es —como las demás religiones— el lugar donde el hombre busca a Dios, sino el asombroso espacio donde Dios viene en busca del hombre: no por voluntad de hombre, sino por exclusivo querer de Dios. Por un desbordamiento del Amor misericordioso, acontece el Misterio Pascual, la Redención del género humano. Por cierto

---

[38] *Catecismo de la Iglesia católica*, n. 502.

que a José se le comunica la generación virginal de Jesús en un segundo momento: no se trata para él de una invitación a dar su consentimiento previo a la concepción del Hijo de María, fruto de la intervención sobrenatural del Espíritu Santo y de la cooperación exclusiva de la madre. Sólo se le invita a aceptar libremente su papel de esposo de la Virgen y su misión paterna con respecto al niño [39].

b) Acto seguido, el Catecismo afirma vigorosamente que Jesús no tiene como Padre más que a Dios (cf. Lc 2, 48-49). «Consubstancial con su Padre en la divinidad, consubstancial con su Madre en nuestra humanidad, pero propiamente Hijo de Dios en sus dos naturalezas [40]» (CEC, 503). El único Padre de Jesús es el Padre celestial. Juan Pablo II glosa: «en la generación temporal del Hijo se refleja la generación eterna: el Padre, que había engendrado al Hijo en la eternidad, lo engendra también en el tiempo como hombre... Aquel que nace de María ya es, en virtud de la generación eterna, Hijo de Dios; su generación virginal, obrada por la intervención del Altísimo, manifiesta que, también en su humanidad, es el Hijo de Dios..» [41]. Tanto Lucas como Juan presentan el nacimiento virginal como «signo» de la filiación divina de Jesús [42].

A este respecto resulta interesante la observación de Juan Pablo II: « San Lucas y San Mateo, al narrar la generación de Jesús, afirman también el papel del Espíritu Santo. Éste no es el padre del niño: Jesús es hijo únicamente del Padre

---

[39] Cfr. Juan Pablo II, *Aud. Gen.*, 10-VII-1996.
[40] Cc. Friul en el año 796: DS 619.
[41] Juan Pablo II, *Aud. Gen.*, 31-VII-96.
[42] Cfr. Ignacio de la Potterie, *María en el misterio de la Alianza*, BAC, 1993, p. 150, 132-151.

eterno (cf. Lc 1, 32. 35) que, por medio del Espíritu, actúa en el mundo y engendra al Verbo en la naturaleza humana. En efecto, en la Anunciación el ángel llama al Espíritu «poder del Altísimo» (Lc 1, 35), en sintonía con el Antiguo Testamento, que lo presenta como la energía divina que actúa en la existencia humana, capacitándola para realizar acciones maravillosas. Este poder, que en la vida trinitaria de Dios es Amor, manifestándose en su grado supremo en el misterio de la Encarnación, tiene la tarea de dar el Verbo encarnado a la humanidad. El Espíritu Santo, en particular, es la persona que comunica las riquezas divinas a los hombres y los hace participar en la vida de Dios. Él, que en el misterio trinitario es la unidad del Padre y del Hijo, obrando la generación virginal de Jesús, une la humanidad a Dios»[43].

c) En el plan divino de la salvación, la concepción virginal es asimismo anuncio de la nueva creación: por obra del Espíritu Santo, en María es engendrado aquel que será el hombre nuevo, el Nuevo Adán (cf. 1 Co 15, 45) que inaugura la nueva vida: «El primer hombre, salido de la tierra, es terreno; el segundo viene del cielo» (1 Co 15, 47). Para entrar en el Reino de los Cielos habrá que nacer de nuevo. La concepción virginal de Jesús anuncia el nuevo nacimiento de los hijos de adopción en el Espíritu Santo por la fe, que no nace «de la sangre, ni de deseo de carne, ni de deseo de hombre, sino de Dios» (Jn 1, 13). «La acogida de esta vida es virginal porque toda ella es dada al hombre por el Espíritu.» (CIC 505).

¿En qué consiste esta «nueva creación»? «La comunicación de la vida nueva es transmisión de la filiación divina.

---

[43] Juan Pablo II, Aud. Gen., 31-VII-96.

Podemos recordar aquí la perspectiva abierta por San Juan en el Prólogo de su evangelio: aquel a quien Dios engendró, da a los creyentes el poder de hacerse hijos de Dios (cf. Jn 1, 12-13)»[44]. Dios Padre es presentado como Padre del Verbo encarnado (lo cual excluye intervención de varón), el cual, por esta relación de filiación tan profunda y única, es capaz de dar a los creyentes —los que ponen su fe en Él— el poder de hacerse (cada vez más) hijos de Dios, es decir, más partícipes de la naturaleza divina, la cual, el Hijo, encarnándose, pone al alcance del creyente. El creyente nace así a la nueva vida de hijo adoptivo de Dios Padre, en el Hijo, por el Espíritu Santo. Esta nueva vida es estrictamente sobrenatural, introduce en la intimidad de Dios Trino y —tras la fidelidad en este tiempo— encuentra su plenitud en la bienaventuranza eterna[45].

d) «El sentido esponsal de la vocación humana con relación a Dios (cf. 2 Co 11, 2) se lleva a cabo perfectamente en la maternidad virginal de María.» (CEC 505). Con estas palabras el Catecismo parece apuntar a la «teología del cuerpo» que Juan Pablo II ha introducido en el Magisterio de la Iglesia. En último término «el cuerpo [es] para el Señor, y el Señor para el cuerpo» (1 Cor 6, 13).

La Encarnación del Logos en María tiende a la encarnación de Jesucristo en cada fiel cristiano por la Comunión

---

[44] Juan Pablo II, Aud. Gen., 31-VII-96.

[45] Esto ayuda a vislumbrar lo que dice Juan Pablo II: «La generación virginal permite la extensión de la paternidad divina: a los hombres se les hace hijos adoptivos de Dios en aquel que es Hijo de la Virgen y del Padre... [...] la contemplación del misterio de la generación virginal nos permite intuir que Dios ha elegido para su Hijo una Madre virgen, para dar más ampliamente a la humanidad su amor de Padre» (Juan Pablo II, *Aud. Gen.*, 31-VII-1966).

eucarística, que hace de ambos *una caro*, una sola carne, una sola sangre, un solo espíritu; y así llegamos a ser un solo cuerpo los que comemos un mismo pan (cfr. 1 Cor 10, 17). De este modo se constituye y crece la Iglesia, Cuerpo de Cristo, familia de Dios, formada por los con-corpóreos y con-sanguíneos de su Hijo.

e) «María es virgen porque su virginidad es el signo de su fe «no adulterada por duda alguna» (LG 63) y de su entrega total a la voluntad de Dios (cf. 1 Co 7, 34-35). Su fe es la que le hace llegar a ser la madre del Salvador: «Beatior est Maria percipiendo fidem Christi quam concipiendo carnem Christi» («Más bienaventurada es María al recibir a Cristo por la fe que al concebir en su seno la carne de Cristo» [46].» [47].

f) «María es a la vez virgen y madre porque ella es la figura y la más perfecta realización de la Iglesia (cf. LG 63): «La Iglesia se convierte en Madre por la palabra de Dios acogida con fe, ya que, por la predicación y el bautismo, engendra para una vida nueva e inmortal a los hijos concebidos por el Espíritu Santo y nacidos de Dios. También ella es virgen que guarda íntegra y pura la fidelidad prometida al Esposo» (LG 64)» [48].

La virginidad de María, una cuestión cristológica

Finalmente parece oportuno señalar que las razones por las cuales la Iglesia entiende la gran sabiduría divina —al

---

[46] S. Agustín, virg. 3. • [47] CEC 506. • [48] CEC 507.

querer que la Madre de Dios fuera virgen—, no se enredan en una confrontación valorativa de la virginidad con la conyugalidad, sino en la relación de la maternidad de María con la encarnación del Hijo Unigénito del Padre. En una importante alocución sobre la virginidad de María Juan Pablo II advirtió que los Padres intuyeron «que la virginidad de María es una exigencia que deriva de la naturaleza divina del Hijo... por tanto sólo partiendo de la luz que proviene del Verbo, preexistente y eterno, manantial de vida e incorruptibilidad, se puede comprender la exigencia y el don de la virginidad de la Madre»[49]. Todavía hay que seguir profundizando en la exégesis de los textos originales del Nuevo Testamento. Como botón de muestra recordemos lo que decía en la ocasión mencionada, Juan Pablo II: «algunos estudiosos, analizando el texto sagrado con los métodos propios de la exégesis científica, descubren una relación, ínsita en el mismo texto evangélico, entre los pañales del pesebre y las vendas del sepulcro». De ahí que también se contemple el nexo entre el nacimiento de Cristo *ex intacta Virgine* y su resurrección *ex intacto sepulcro*[50].

Es claro que la verdad sobre la perpetua integridad corporal de María se afirma y defiende con tanto vigor en la Iglesia católica, no porque se trate de un simple hecho biológico, corporal, sino por tratarse de una verdad expresamente revelada por Dios, indispensable —de hecho— para la comprensión cabal de la identidad de Jesucristo y de la

---

[49] Juan Pablo II, *Homilía* del 24-V-1992, en Juan Luis Bastero, *Virgen singular*, Ed. Rialp, 2001, p. 81.
[50] *Ibidem.*

completa economía divina de la Redención. Por parte de la Virgen María, no cabe olvidar, como quedó dicho, que Ella concibió a Cristo antes en su mente que en su seno. «La virginidad perpetua de María —fielmente correspondida por San José, su virginal esposo— expresa esa prioridad de Dios: Cristo, como hombre, será concebido sin concurso de varón. Pero esa misma virginidad que perdurará en el parto y después del parto, es también expresión de la absoluta disponibilidad de María a los planes de Dios»[51].

Significado antropológico y escatológico de la virginidad

La maternidad virginal es ciertamente una revelación sobre el valor que tiene a los ojos de Dios la virginidad de alma y cuerpo, objetivamente superior incluso a la del gran sacramento del matrimonio, al que están llamados, con vocación verdaderamente divina, la gran mayoría de los fieles. Lejos de dejar incompleta a la persona, la virginidad asumida como entrega y dedicación total, en cuerpo y alma, a Jesucristo, la perfecciona con una amplitud de corazón y fecundidad insospechadas. «Aun habiendo renunciado a la fecundidad física —dice Juan Pablo II—, la persona virgen se hace espiritualmente fecunda, padre y madre de muchos, cooperando a la realización de la familia según el designio de Dios»[52]. La virginidad perpetua hace de María el símbolo vivo del orden nuevo instaurado

---

[51] Juan Pablo II, *Homilía*, Guayaquil (Perú), 31-I- 1985.
[52] Juan Pablo II, *Familiaris consortio*, 22-XII-1981, 16.

por el Espíritu Santo, el símbolo excelso del Reino de Dios y de la existencia escatológica, «pues en la resurrección, ni ellos tomarán mujer ni ellas marido, sino que serán como ángeles en el cielo»[53]. Ciertamente, «no todos entienden este lenguaje —dice el Señor—, sino aquellos a quienes se les ha concedido (...) Quien pueda entender, que entienda»[54]. (¿No bastará un poco de buena voluntad para recibir esa luz divina?).

[53] Mt 22, 30. • [54] Mt 19, 12.

Capítulo IV

LA ASUNCIÓN DE LA SANTÍSIMA VIRGEN

La definición dogmática

El día 1 de noviembre de 1950, Pío XII definía solemnemente un nuevo *dogma de fe*: «Pronunciamos, declaramos y definimos ser dogma divinamente revelado: que la Inmaculada Madre de Dios, siempre Virgen María, cumplido el curso de su vida terrena, fue asunta en cuerpo y alma a la gloria celeste» [1]. Asimismo el Concilio Ecuménico Vaticano II reiteró: «La Virgen Inmaculada, preservada inmune de toda mancha de pecado original, terminado el curso de su vida en la tierra, fue llevada en cuerpo y alma a la gloria del cielo» [2]. El *Catecismo de la Iglesia Católica* se expresa con términos idénticos: «La Virgen Inmaculada, preservada inmune de toda mancha de pecado original, terminado el curso de su vida en la tierra, fue asunta en cuerpo y alma a la gloria celestial y enaltecida por Dios como Reina del universo, para ser conformada más plena-

---

[1] MS, DS 3900-3904. • [2] *LG*, 59.

mente a su Hijo, Señor de los Señores y vencedor del pecado y de la muerte. La Asunción de la Santísima Virgen constituye una participación singular en la Resurrección de su Hijo y una anticipación de la resurrección de los demás cristianos»[3].

El sentido de la definición del dogma es claro: la Virgen María está no sólo con su alma, también con su cuerpo resucitado, junto a su Hijo, en el Cielo. Como sucede con el misterio de la Inmaculada, no se encuentra en la Sagrada Escritura una afirmación *explícita* de esta verdad, pero, la Bula *Munificentissimus Deus* enseña que «todas las razones y consideraciones de los Santos Padres y de los teólogos [sobre la Asunción] se apoyan como último fundamento en la Sagrada Escritura»[4].

Antes de entrar en los textos sagrados más significativos, aclaremos el significado de los términos que se utilizan en la definición dogmática.

La Sagrada Escritura, la Liturgia y la Teología usan la palabra «Asunción» para expresar acontecimientos diversos: la Ascensión del Señor, la Encarnación, la entrada del alma santa en el Cielo y, en fin, el traslado (paso o «pascua») de la Santísima Virgen en cuerpo y alma a los cielos.

En Mariología la palabra *asunción* tiene un significado exclusivamente pasivo y se dice sólo de María, que es la *asunta;* Dios es el asumente. María fue *asumpta* por virtud de Dios, mientras que la humanidad de Cristo fue elevada al Cielo por la propia virtud de Cristo (-Dios).

---

[3] CEC 966. • [4] Pío XII, Constit. Apost. *Munificentissimus Deus.*

Contenido del dogma

No han faltado en el siglo XX quienes han querido reinterpretar el dogma de la Asunción en el sentido de que la glorificación de María se referiría solo a su alma, pero en la Bula *Munificentissimus Deus,* el Romano Pontífice no define simplemente que el alma de María se encuentra en el Cielo gozando de gloria inmensa y superior a la de los ángeles y santos. Para esto no se precisaba una definición solemne, puesto que ya estaba definido: 1) que María estuvo exenta de todo pecado; 2) que la Santísima Virgen tuvo la plenitud de gracia y santidad correspondientes a su condición de Madre de Dios; 3) que la gloria del Cielo es proporcional a la gracia y al mérito de la persona; 4) que la suerte eterna de todo hombre es inmediata, es decir, que se decide en el momento mismo en que el hombre muere. Con esto, *definir* que el alma de María ha sido glorificada desde que finalizó el curso de su existencia terrena, hubiera resultado superflua y redundante.

El elemento esencial y primario de la Asunción sobre el que se pronunció solemnemente Pío XII y enseñó como objeto de revelación divina no es otro que *la glorificación celeste del cuerpo de Santa María.* La Santísima Virgen, desde que terminó el curso de su vida en este mundo, está en el Cielo en cuerpo y alma, con todas las dotes propias del alma bienaventurada y del cuerpo glorioso. Por tanto, la Asunción de María consiste formal y esencialmente en la glorificación celeste del cuerpo, tanto si la incorrupción y la inmortalidad le hubiesen sobrevenido sin una muerte previa, como si le hubieran acontecido después de la muerte mediante la resurrección.

No se define en la Bula el fundamento último de la Asunción, aunque en la fórmula definitoria, el nombre de María va precedido de un apuesto: «La Inmaculada Madre de Dios, siempre Virgen». Con estas palabras se afirma directa y llanamente que María —Inmaculada, Madre de Dios y siempre Virgen— es asunta; pero no se dice que lo sea por ser Inmaculada, Madre de Dios o siempre Virgen. Se define en cambio que la Asunción de María tuvo lugar «cumplido el curso de su vida terrena». Respecto de esta frase que, en principio, podría parecer oscura, hay que determinar, al menos tres cuestiones:

1) el significado de la fórmula;
2) la intención del Papa al usar dicha fórmula;
3) las posibles conclusiones.

La fórmula como tal significa que la Asunción o, lo que es lo mismo, la glorificación celeste del cuerpo de María

a) no se aplaza hasta el fin de los tiempos, como sucederá en los demás fieles; y
b) que no sufrió la injuria más leve de las leyes naturales que producen la descomposición cadavérica.

La unión de la frase «cumplido el curso de su vida terrena» y el verbo «fue asunta» da a entender que la Asunción se realizó pronto tras la vida terrena de María. Pablo VI interpreta autorizadamente el texto diciendo que la Virgen «recibió anticipadamente la suerte de todos los justos» [5].

Advirtamos que, al decir «anticipadamente», se da por supuesto que la resurrección de cada fiel no acontece en el momento de morir, pues el sentido dogmático de este misterio

---

[5] Cfr. *Professio fidei* n. 15, AAS 6O (1968), pp. 438-439.

se halla en estrecha conexión con otras dos verdades reveladas: la inmortalidad de las almas de los difuntos y la resurrección universal de los cuerpos *al final de los siglos*. Las dudas que a mediados del siglo XX surgieron entre algunos teólogos católicos sobre *el sentido* del dogma de la Asunción, eran debidas en buena parte al gran interés que suscitó en aquel entonces la Escatología. A la vez que surgieron sugerentes y luminosos estudios, se llegó a suprimir la «escatología intermedia», esto es, el *tiempo* de espera que media entre la muerte de cada fiel y la resurrección de su cuerpo; y esto de diversos modos: ya sea por negar la inmortalidad del alma, afirmando la resurrección de todo el hombre al final de los tiempos —lo cual implica la aniquilación de toda la persona e identificar resurrección con creación—, ya sea porque no se distingue, para cada quien, el momento de la muerte de aquel que marcará el *fin de los tiempos*. Ahora bien, si por una razón u otra, para cada fiel, no hay intervalo de tiempo o, si se prefiere, de *espera* entre su muerte y la resurrección de su cuerpo, entonces no tiene sentido definir como dogma de fe que la Virgen Santísima, por la Asunción, goce de un *privilegio singular* de precedencia y anticipación: ya *no precedería* a los demás en la glorificación del cuerpo. La definición dogmática equivaldría a una simple «canonización» de María [6].

Pero Pío XII, en el vértice de su razonamiento en favor de la Asunción, enseñó que el cuidado con que Dios asistió siempre la integridad del cuerpo de la Virgen, con su divino poder, no permitió en él la más pequeña alteración,

---

[6] La polémica actual, que, por cierto se halla en punto muerto, se encuentra ampliamente comentada en J.L. Bastero de Eleizalde, *Virgen singular. La reflexión teológica mariana en el siglo XX,* Ed. Rialp 2001, pp. 179-205.

manteniendo la armonía y unidad del mismo. María, en efecto, «consiguió, finalmente, como supremo coronamiento de sus prerrogativas, verse exenta de la corrupción del sepulcro, y venciendo a la muerte como antes la había vencido su Hijo, ser elevada en alma y cuerpo a la gloria celestial»[7]. Es claro, pues, que María alcanzó en el momento de la Asunción la bienaventuranza eterna en su plenitud escatológica, tanto en el espíritu como en la carne. Lo que en los santos será culminación final, con la resurrección de los cuerpos, en María se ha cumplido ya entera y totalmente en la culminación escatológica».

En 1979, la Congregación para la Doctrina de la Fe, promulgó una Carta a los Obispos de la Iglesia Católica *Recentiores Episcoporum Synodi* sobre algunas cuestiones referentes a la escatología, con la aprobación y por disposición del papa Juan Pablo II. En el n. 6 se declara inaceptable cualquier explicación teológica del más allá que prive al dogma de la Asunción de lo que tiene de único: «es decir, el hecho de la glorificación corpórea de la Virgen es la anticipación de la glorificación reservada a todos los elegidos»[8]. No basta, pues, con decir que María resucitó gloriosamente después de la muerte (del mismo modo que resucitarán todos los justos). «Anticipación» es el concepto clave. Es necesario afirmar, para permanecer en la fe católica, que la Asunción consiste en una singular anticipación respecto a la resurrección final de los justos[9].

---

[7] Cfr. *Munificentissimus Deus*: AAS 42 (1950), pp. 767-770.

[8] Congregación para la doctrina de la fe, *Temas actuales de Escatología*, Ed. Palabra, Madrid 2001, p. 128.

[9] Cfr. Cándido Pozo, *Inmortalidad y resurrección*, en Congregación para la doctrina de la fe, *Temas actuales de Escatología*, Ed. Palabra, Madrid 2001, p. 128.

El tránsito de María al cielo

El Papa Pío XII quiso prescindir de la cuestión sobre la muerte de María en la fórmula definitoria de la Asunción[10]. Por ello la expresión «cumplido el curso de su vida terrena» es igualmente válida tanto si se entiende que el término de la vida terrenal de la Virgen fue la muerte, cuanto si se piensa que fue la glorificación del cuerpo mediante la definitiva donación de la inmortalidad gloriosa sin pasar por la muerte. No obstante a lo largo de la Bula aparece repetidas veces el tema de la muerte de María.

Pío XII, que no recoge en la Bula ningún documento apócrifo, ofrece una serie de testimonios que la afirman positivamente. Así, por ejemplo, hablando del consentimiento unánime de la Iglesia en favor de la Asunción, afirma que los fieles «no encontraron dificultad en que María muriese, como murió su Hijo; pero esto no les impidió creer y profesar abiertamente que no estuvo sujeta a la corrupción del sepulcro». Pío XII descubre la misma creencia en la liturgia: «Señor, es dignísima de veneración para nosotros la festividad del presente día, cuando la Madre de Dios sufrió la muerte temporal, pero sin que quedase presa de la muerte Aquella que había engendrado a tu Hijo y Señor nuestro encarnado en Ella» (*Sacramentario Gregoriano*). Al tratar de los Santos Padres y grandes Doctores, el Papa sintetiza sus enseñanzas diciendo cómo, según ellos, «el objeto de la fiesta (de la Asunción) no era solamente la inco-

---

[10] «Pío XII no quiso usar el término «resurrección» y tomar posición con respecto a la cuestión de la muerte de la Virgen como verdad de fe.» (Juan Pablo II, *Audiencia general*, 2-VII-1997.

rrupción del cuerpo muerto de la bienaventurada Virgen María, sino también su triunfo sobre la muerte»; con lo cual se desautorizan las creencias de algunos apócrifos que imaginaron el cadáver de María trasladado incorrupto al paraíso.

De que Pío XII usase la frase «cumplido el curso de su vida terrena» en la misma fórmula definitoria, y precisamente para no definir si María murió o no, sería falso concluir que la fórmula definitoria favorece o la negación o la afirmación de la muerte de María. No se zanja la cuestión, más bien se deja en el estado en que se encontraba antes de la definición.

La admisión de la muerte prevalece hasta el siglo XIX, cuando Pío IX define el dogma de la Inmaculada. Entonces surgen multitud de peticiones en favor de la definición de la Asunción y los «inmortalistas» insisten en que, si María —como quedaba definido— no contrajo el pecado original, cuya pena es la muerte, no debía morir. Pero a esta razón, ciertamente poderosa, siguió oponiéndose la que insiste en la íntima asociación de la Madre de Dios con su Hijo, al extremo de seguir cada uno de sus pasos, incluido el de la muerte. Juan Pablo II lo resume así: «La Revelación presenta la muerte como castigo del pecado. Sin embargo el hecho de que la Iglesia proclame a María liberada del pecado original no lleva a concluir que ella recibiera también la inmortalidad corporal. La Madre no es superior a su Hijo, que asumió la muerte, dándole un nuevo significado y transformándola en instrumento de salvación. «Sin una muerte previa —se pregunta San Severo de Antioquia—, ¿cómo podría tener lugar la resurrección? El Nuevo Testamento no habla de la muerte de María, lo cual hace pensar que acaeció de modo natural, de lo contrario su noticia habría llegado hasta nosotros. Por eso San Francisco de Sales habla de la muerte de María como de un morir «en el amor, a causa del amor y por amor», afirmando que murió de amor por su hijo Jesús. Se puede decir que el paso de esta a la otra vida fue para María como una «dormición». Muchos Padres de la Iglesia presentan la muerte de María como un acto de amor que la llevó hasta su divino Hijo para compartir con él la vida inmortal. Así ella puede ejercer mejor su maternidad espiritual con quienes llegan a la hora suprema de la vida»[11].

En cualquier caso, queda claro que el cuerpo santísimo de la Madre de Dios no sufrió la más mínima corrupción y el tenor de la definición dogmática permite concluir con certeza que, si de hecho el alma de María se separó de su cuerpo, fue para reunirse prontamente con él. No es pues aventurado pensar la muerte de la Virgen —del todo singular— en términos de dulcísimo sueño o éxtasis inmediato a la Asunción. El amor de Dios por su Madre dispondría con su omnipotencia todos los detalles para que el *tránsito* de la que había ya «casi muerto»[12] místicamente, en el Calvario, corredimiendo con Cristo, fuese exento de cualquier dolor y vivido con toda felicidad[13].

---

[11] Juan Pablo II, *Audiencia general,* 25-VI-1997.

[12] Benedicto XIV, Carta *Inter sodalicia,* 22-III-1918: «juntamente con su Hijo paciente y muriente, padeció y casi murió».

[13] John Newman dice que «Su tránsito no causó ruido alguno. La Iglesia continuó con sus tareas cotidianas de predicar, convertir y sufrir. Había persecuciones, huidas de una ciudad a otra, y mártires. Poco a poco se extendió el rumor de que la Madre del Señor no estaba ya en la tierra. Peregrinos comenzaron a moverse en busca de sus reliquias, pero nada encontraron. ¿Murió en Éfeso o en Jerusalén? Las opiniones no coincidían, pero en cualquier caso su tumba no fue hallada, y si se halló, estaba abierta. Los que buscaban

Historia del dogma de la Asunción

El primer testimonio de la fe en la Asunción de la Virgen aparece en los relatos apócrifos titulados «Transitus Mariae», cuyo núcleo originario se remonta a los siglos II-III. Se trata de representaciones populares, a veces noveladas, pero que en este caso reflejan una intuición de fe del pueblo de Dios. En los tres primeros siglos aún no se había precisado la doctrina escatológica y seguramente por esta razón no se trató explícitamente por escrito el tema del tránsito de la Virgen, a no ser en los apócrifos mencionados [14].

Como reacción a éstos, en el siglo IX surgen algunas dudas (sin que se niegue la glorificación del alma de María). Los teólogos escolásticos contrarrestaron esta tendencia, siguiendo a los Padres de la Iglesia. Resulta significativo que las Iglesias orientales hayan mantenido siempre la Asunción como una verdad de fe [15].

---

volvieron a casa sorprendidos y como en espera de más luces. Pronto comenzó a decirse que cuando el tránsito de María se aproximaba y su alma iba a dirigirse al encuentro de su Hijo, los Apóstoles se reunieron en un determinado lugar, quizás en la Ciudad Santa, para asistir al gozoso acontecimiento, y que poco después de enterrarla con los ritos adecuados repararon en que su cuerpo no estaba en la tumba, mientras ángeles cantaban día y noche con voces alegres las glorias de su Reina asunta al Cielo. Pero aparte de nuestros sentimientos sobre los detalles de esta historia, no hemos de dudar que, de acuerdo con el sentir de todo el orbe católico y las revelaciones hechas a almas santas, María se encuentra en cuerpo y alma con su Hijo y Dios en el cielo, y que nosotros podemos celebrar no sólo su tránsito sino también su Asunción».(John H. Newman, *Discursos sobre la fe*, Madrid 1981, pp. 361-362). Un eco de este supuesto histórico se encuentra en el comentario al cuarto misterio glorioso de San Josemaría Escrivá, *Santo Rosario*, Ed. Rialp, Madrid.

[14] Juan Pablo II, *Audiencia general*, 2-VII-1997.

[15] J.L. Bastero de Eleizalde, *María Madre del Redentor*, Ed. Eunsa, Pamplona, pp. 254-258.

Con el tiempo se fue desarrollando una larga reflexión con respecto al destino de María en el más allá. Poco a poco se fue encendiendo la fe de los creyentes en la elevación gloriosa de la Madre de Jesús, en alma y cuerpo, y a la institución en Oriente de las fiestas litúrgicas de la *Dormición* y de la *Asunción* de María. Esa fe se difundió desde Oriente a Occidente con gran rapidez y, a partir del siglo XIV, se generalizó. En el siglo XX, en vísperas de la definición del dogma, constituía una verdad casi universalmente aceptada y profesada por la comunidad cristiana en todo el mundo. Tan es así que, en mayo de 1946, con la encíclica *Deiparae Virginis Mariae*, Pío XII promovió una amplia consulta, interpelando a los obispos y, a través de ellos, a los sacerdotes y al pueblo de Dios, sobre la posibilidad y la oportunidad de definir la asunción corporal de María como dogma de fe. El recuento fue ampliamente positivo: entre 1.181 respuestas, sólo seis manifestaban alguna reserva, no tanto sobre la verdad, sino sobre el carácter revelado de esa verdad.

Citando este dato, la bula *Munificentissimus Deus* afirma: «El consentimiento universal del Magisterio ordinario de la Iglesia proporciona un argumento cierto y sólido para probar que la asunción corporal de la santísima Virgen María al cielo (...) es una verdad revelada por Dios y, por tanto, debe ser creída firme y fielmente por todos los hijos de la Iglesia» (AAS 42 [1950], 757). «La definición del dogma, de acuerdo con la fe universal del pueblo de Dios —sentencia Juan Pablo II—, excluye definitivamente toda duda y exige la adhesión expresa de todos los cristianos» [16].

---

[16] Juan Pablo II, *Audiencia general*, 2-VII-1997.

Ciertamente ha habido dudas e interpretaciones equívocas entre los católicos a lo largo de los siglos, pero se reducen a lugares particulares y épocas limitadas.

Fundamentos bíblicos

Como ya hemos dicho, todas las razones y consideraciones de los Santos Padres y de los teólogos sobre la Asunción se apoyan como último fundamento en la Sagrada Escritura [17]. Los textos más significativos que utiliza la Constitución nos resultan ya familiares: *Génesis* 3, 15; *Lucas* 1, 28; *Apocalipsis* 12. Los hemos considerado en el capítulo anterior al tratar del misterio de la Inmaculada Concepción de María. Veamos ahora qué pueden enseñarnos sobre el misterio de la Asunción de María.

Gen 3, 15: *Vencedora de la serpiente*

«Pongo perpetua enemistad entre ti y la mujer, entre tu descendencia y la suya. Ella te aplastará la cabeza, mientras tú le muerdes el talón». Recordemos: Contemplado a la luz del Nuevo Testamento, la *Mujer* de este verso, estrechamente unida al vencedor del demonio, es María, destinada a quebrantar con su linaje la cabeza de la serpiente (el demonio). Cristo, Nuevo Adán, obtiene el triunfo definitivo sobre la serpiente antigua (Apc 12, 9), asociado íntima-

---

[17] Pío XII, Constit. Apost. *Munificentissimus Deus*.

mente a la Nueva Eva, María. El triunfo es triple: sobre el pecado [18], sobre la concupiscencia [19] y sobre la muerte [20]. Los Padres del Concilio Vaticano I, favorables a la definición del dogma de la Asunción, aunque por razones históricas no llegaron a realizarla, no dudaron en ver en la Mujer de Gen 3, 15 la figura de la Madre de Dios asociada a la triple victoria de Cristo, por su concepción inmaculada y por su maternidad virginal; no les cabía duda de que había de ser singular vencedora de la muerte por su anticipada resurrección, a semejanza de su Hijo. Aunque, como Él, pasara por la muerte, era justo que a semejanza de su Hijo, la primera redimida —por anticipación— fuese liberada de la muerte y resucitada a semejanza de Cristo.

La bendición de Isabel «Bendita tú entre las mujeres y bendito el fruto de tu seno» (Lc 1, 42) se ha considerado en relación con Gen 3, 15. María es la Mujer capaz de vencer la triple maldición. «La tercera —dice Santo Tomás— fue común a los hombres y a las mujeres: que se convertirían en polvo. Y de ésta estuvo libre la Bienaventurada Virgen, porque subió corporalmente al cielo. Pues creemos que después de la muerte resucitó y fue llevada al cielo» [21].

---

[18] «Siendo nosotros todavía pecadores, murió por nosotros… justificados ahora por su sangre, seremos por él salvos de la cólera» (Rom 5, 8-9).

[19] «Sino que cada uno es probado por su propia concupiscencia que le arrastra y le seduce. Después la concupiscencia, cuando ha concebido, da a luz el pecado; y el pecado, una vez consumado, engendra la muerte.» (St 1, 14-15)

[20] «Por tanto, así como los hijos participan de la sangre y de la carne, así también participó él de las mismas, para aniquilar mediante la muerte al señor de la muerte, es decir, al Diablo, y libertar a cuantos, por temor a la muerte, estaban de por vida sometidos a esclavitud.» (Hbr 2, 14-15).

[21] Santo Tomás de A., *Expositio Salutationis angelicae*.

Lc 1, 28: *Llena de gracia*

El Ángel llama a María «Llena de gracia». La gracia redunda en toda la persona, unidad de alma y cuerpo. A la plenitud de gracia, debe corresponder plenitud de gloria, en la persona entera. «Llena de gracia» o «transformada por la gracia», al extremo de que podemos hablar justamente de «plenitud de gracia», como hemos visto en el capítulo anterior. Tenemos ya motivos suficientes para interpretar estas palabras del Ángel en el sentido más pleno (*sensus plenior*). Aquí tocamos al mismo *ser* de la Virgen María, porque la gracia santificante implica una introducción participativa en la vida íntima de la Trinidad, una deificación de la naturaleza humana. Lo que se recibe se recibe al modo del que lo recibe. Sabemos que a la plenitud de gracia donada, María responde en plenitud de fidelidad. Así, María es la criatura más adecuada para ser *procreadora del Creador*, Madre de su Hijo. Su alma y su cuerpo, su persona, su ser entero están divinizados desde su Concepción inmaculada y lo estarán cada día más. Su gracia santificante es mucho mayor que aquella que tuvieron nuestros primeros padres antes de la caída. Ellos recibieron una naturaleza humana con el don preternatural del *posse mori, posse non mori*: podían morir, como murieron a causa del pecado, pero no hubieran muerto si no hubieran pecado. No queremos decir que la naturaleza humana de María fuera de suyo inmortal. De hecho murió. Pero más que a nuestros primeros padres le correspondía no morir, precisamente por ser rigurosamente inmaculada y plenamente divinizada por la gracia santificante, con vistas a su maternidad divina. Es preciso considerar que siendo verdadera hija de

Eva, es Nueva Eva, no una mujer más, es una mujer singular y única. No solo es la más santa o santa en grado superlativo. «Razonablemente se cree —dice Santo Tomás— que aquella que engendró al Unigénito del Padre recibió más privilegios de gracia que todos los santos» [22].

María es, en efecto, la criatura más semejante y proporcionada al Logos que en ella se hizo carne. En el siglo XIV, Nicolás Cabasilas decía: «por su excelsa santidad y por la radical transformación realizada por la presencia del Espíritu, ya en su vida tuvo un cuerpo espiritualizado, es decir 'transformado' por el Espíritu; estaba totalmente compenetrada con Aquél que es Señor y da la vida, que poseía ya en sí la fuente de la vida inmortal. La Virgen poseía ya aquella vida 'en el Espíritu' cuando vivía en esta tierra, pero de forma escondida. Y, cuando se cerró el curso de su vida terrena, la inmortalidad resplandeció en ella como sucedió con Cristo después de su muerte» [23]. Si esto es así, la Asunción de María al Cielo no sería otra cosa que «el efecto pleno de su espiritualización, de su plenitud de gracia en su momento terminal, que es la causa de su dormición y ascensión al cielo, de aquella íntima comunión gloriosa con Cristo glorificado en el ser y en el obrar, que constituye su plena consumación» [24].

El Señor, en los breves momentos de la Transfiguración permitió, ante Pedro, Santiago y Juan, que la gloria que le correspondía por la unión hipostática se manifestara en su

---

[22] *S. Th.* III, q. 27, a. 1.
[23] Nicolas Cabasilas, *Homilías sobre la Asunción*, 10, 11, citado por Joaquín Ferrer, *La Mediación Materna de la Inmaculada*, p. 81.
[24] Joaquín Ferrer Arellano, *La Mediación...*, p. 81.

Humanidad Santísima. Todavía no había resucitado. No es lógico pensar se tratara de un anticipo de la resurrección. Era la manifestación de una realidad actual habitualmente escondida, oculta en el misterio, porque se encarnó anonadándose: «siendo de condición divina, no consideró como presa codiciable el ser igual a Dios, sino que se anonadó a sí mismo tomando la forma de siervo, haciéndose semejante a los hombres y mostrándose igual que los demás hombres, se humilló a sí mismo, haciéndose obediente hasta la muerte y muerte de cruz» (Fl 2, 6) [25]. Durante su existencia terrena, libremente, se despojó de toda la gloria divina y humana que por derecho poseía. Esta *kénosis* (anonadamiento, despojamiento, vaciamiento, entregamiento), Juan Pablo II, la contempla en su apogeo con María al pie de la Cruz: «A los pies de la Cruz María participa por medio de la fe en el desconcertante misterio de este despojamiento. Es ésta tal vez la más profunda «Kénosis» de la fe en la historia de la humanidad. Por medio de la fe la Madre participa en la muerte del Hijo» [26]. Pero ¿no sería toda su vida en la tierra una participación en la *kénosis* de su Hijo? ¿No debería haber aparecido ante el mundo con el esplendor de su plenitud de gracia y —tras el *fiat*—, de su maternidad divina? Ciertamente, no convenía, porque no hubiera sido el correlato de la vida de Cristo. «Si Dios ha querido ensalzar a su Madre, es igualmente cierto que durante su vida terrena no fueron ahorrados a María ni la experiencia del dolor, ni el cansancio del trabajo, ni el claros-

---

[25] Traducción de *Sagrada Biblia*, t.VIII, *San Pablo: Epístolas de la cautividad*, EUNSA, Pamplona 1986. Ver nota in loco.

[26] RM, 18c.

curo de la fe. A aquella mujer del pueblo, que un día prorrumpió en alabanzas a Jesús exclamando: *bienaventurado el vientre que te llevó y los pechos que te alimentaron,* el Señor responde: *bienaventurados más bien los que escuchan la palabra de Dios y la ponen en práctica*[27]. Era el elogio de su Madre, de su *fiat*[28], del hágase sincero, entregado, cumplido hasta las últimas consecuencias, que no se manifestó en acciones aparatosas, sino en el sacrificio escondido y silencioso de cada jornada»[29]. Pero una vez acaecida la muerte, ya nada impedía que la «*con-sorte*» del Vencedor de la muerte, fuese elevada a la gloria que correspondía a la condición de su propio ser y a la fidelidad con que lo había asumido en plena adhesión a la obra del Resucitado.

Ap 12, 1: *La Mujer vestida de sol*

«Una gran señal aparece en el cielo: una mujer vestida de sol y la luna bajo sus pies, sobre su cabeza una corona de doce estrellas». La misteriosa figura de la Mujer de Ap 12 ha sido interpretada desde el tiempo de los Santos Padres como referida al antiguo pueblo de Israel, a la Iglesia de Jesucristo, y también a la Santísima Virgen. Como quedó dicho, la palabra de Dios puede presentar válidamente diversos aspectos según la diversa capacidad de los que la estudian. Ahora nos es lícito referir el texto mencionado a la Virgen María en cuanto que ella dio real e históricamente a luz al Mesías (cfr. V. 5). El Concilio Vaticano II ha enseñado solemnemente que María es *tipo* o figura de la

---

27 Lc 11, 27-28. • 28 Lc 1, 38.
29 San Josemaría E., *Es Cristo que pasa*, n. 172.

Iglesia, también llamada madre y virgen, a la que precedió la Santísima Virgen, «presentándose de forma eminente y singular como modelo tanto de la virgen como de la madre...»[30]. El cardenal Joseph Ratzinger, hoy papa Benedicto XVI, lo resume así: «una mujer revestida por el Sol, o sea, inmersa en la luz de Dios, que la inhabita porque Ella habita en Él. Hombre y Dios se compenetran y se intercomunican. Los Cielos y la Tierra se han fundido. Por debajo de los pies, la Luna, como signo de que lo efímero y mortal ha sido superado, y que la transitoriedad de las cosas ha sido convertida en existencia perdurable. Y la constelación que la corona significa salvación, pues esas doce estrellas representan la familia nueva de Dios, anticipada por los doce hijos de Jacob y los doce apóstoles de Jesucristo»[31].

El atuendo de la Mujer es semejante al de Yavé[32]. «En el sol hay calor y esplendor estables —dice San Bernardo—; en la luna solo resplandor completamente incierto y mutable, pues nunca permanece en el mismo estado. Con razón, pues, María se presenta vestida de sol, ya que ella penetró el profundo abismo de la sabiduría divina más allá de cuanto pudiera creerse»[33]. Ella realiza el misterio del resto de su descendencia: la presencia junto al Padre y al Cordero en el resplandor de la gloria, porque también los fieles brillarán un día vestidos de sol (cfr. Mt 13, 43), pero la Mujer se *anticipa a todos*. Es «Asunta en cuerpo y alma a

---

[30] LG, n. 63.

[31] Joseph Ratzinger, *Homilía en el Hegenauerpark de Ratisbona, solemnidad de la Asunción de Nuestra Señora*, 1993. En el libro *De la mano de Cristo*, Ed. Eunsa, Pamplona 2005, pp.85-89.

[32] «Yavé, mi Dios, tú eres grande, rodeado de majestad y de esplendor, vestido de luz como de un manto» (Sal. 104, 1-2).

[33] S. Bernardo, *De B. Virgine*, 2.

la gloria celestial, ensalzada por el Señor como reina universal con el fin de que se asemejase de forma más plena a su Hijo, Señor de señores (cfr Apc 19, 16) y vencedor del pecado y de la muerte» (LG, 59) [34].

Reflexiones teológicas

La plena asociación de la Virgen a la obra redentora de su Hijo

El Magisterio de la Iglesia nos confirma el fundamento bíblico del dogma de la Asunción. Concretamente, *Munificentissimus Deus*, refiriéndose a la participación de la mujer del Protoevangelio en la lucha contra la serpiente y reconociendo en María a la nueva Eva, presenta la Asunción como consecuencia de la unión de María a la obra redentora de Cristo. Al respecto afirma: «Por eso, de la misma manera que la gloriosa resurrección de Cristo fue parte esencial y último trofeo de esta victoria, así la lucha de la bienaventurada Virgen, común con su Hijo, había de concluir con la glorificación de su cuerpo virginal» (*AAS* 42 [1950], 768). La Asunción es, por consiguiente, «el punto de llegada de la lucha que comprometió el amor generoso de María en la redención de la humanidad y es fruto de su participación única en la victoria de la cruz.» [35].

---

[34] Para el tema de la Mujer vestida de sol como Madre de la Iglesia, puede verse el resumen que hace Juan Pablo II en su catequesis mariana del 15 de agosto de 1995.

[35] Juan Pablo II, *Audiencia general*, 2-VII-1997.

Juan Pablo II remacha que «el Nuevo Testamento, aun sin afirmar explícitamente la Asunción de María, ofrece su fundamento, porque pone muy bien de relieve la unión perfecta de la Santísima Virgen con el destino de Jesús. Esta unión, que se manifiesta ya desde la prodigiosa concepción del Salvador, en la participación de la Madre en la misión de su Hijo y, sobre todo, en su asociación al sacrificio redentor, no puede por menos de exigir una continuación después de la muerte».

El mismo argumento encontramos en el todavía breve pontificado de Benedicto XVI: «Como Cristo resucitó de entre los muertos con su cuerpo glorioso y subió al cielo, así también la Virgen santísima, a él asociada plenamente, fue elevada a la gloria celestial con toda su persona. También en esto la Madre siguió más de cerca a su Hijo y nos precedió a todos nosotros. Junto a Jesús, nuevo Adán, que es la "primicia" de los resucitados (cf. 1 Co 15, 20. 23), la Virgen, nueva Eva, aparece como "figura y primicia de la Iglesia" (*Prefacio*), "señal de esperanza cierta" para todos los cristianos en la peregrinación terrena (cf. *Lumen Gentium*, 68).»[36].

Ya durante el primer milenio los autores sagrados se expresaban en este sentido. Algunos testimonios, en verdad apenas esbozados, se encuentran en San Ambrosio, San Epifanio y Timoteo de Jerusalén. San Germán de Constantinopla († 733) pone en labios de Jesús, que se prepara para llevar a su Madre al cielo, estas palabras: «Es necesario que donde yo esté, estés también tú, madre inseparable de tu Hijo...»[37-38]. San Juan Damasceno subraya la relación

---

[36] Benedicto XVI, *en el Angelus*, 15-VIII-2005.
[37] *Hom. 3 in Dormitionem: PG* 98, 360.
[38] Juan Pablo II, *Audiencia general*, 9-VII-1997.

entre la participación en la Pasión y el destino glorioso: «Era necesario que aquella que había visto a su Hijo en la cruz y recibido en pleno corazón la espada del dolor (...) contemplara a ese Hijo suyo sentado a la diestra del Padre» [39]. A la luz del misterio pascual, de modo particularmente claro se ve la oportunidad de que, junto con el Hijo, también la Madre fuera glorificada después de la muerte» [40].

La participación de la Virgen en la victoria de Cristo no podría considerarse plena sin la glorificación corporal anticipada de María. Todo invita a conducir la asociación de María con Cristo a las últimas consecuencias posibles. Así como no quedaron restos mortales de Cristo en su resurrección, tampoco quedaron restos mortales de María en su Asunción.

La Maternidad Divina

El misterio de la Asunción también se ha considerado en su relación con la Maternidad, primer principio de la Mariología y núcleo germinal de todos los privilegios marianos. «La misma tradición eclesial ve en la maternidad divina la razón fundamental de la Asunción. Encontramos un indicio interesante de esta convicción en un relato apócrifo del siglo V, atribuido al pseudo Melitón. El autor imagina que Cristo pregunta a Pedro y a los Apóstoles qué destino merece María, y ellos le dan esta respuesta: "Señor, elegiste a tu esclava, para que se convierta en tu morada in-

---

[39] *Hom.* 2: *PG* 96, 741.
[40] Juan Pablo II, *Audiencia general*, 9-VII-1997.

maculada (...). Por tanto, dado que, después de haber vencido a la muerte, reinas en la gloria, a tus siervos nos ha parecido justo que resucites el cuerpo de tu madre y la lleves contigo, dichosa, al cielo" (*De transitu V. Mariae*, 16: *PG* 5, 1.238). Por consiguiente, se puede afirmar que la maternidad divina, que hizo del cuerpo de María la morada inmaculada del Señor, funda su destino glorioso»[41].

Es preciso tener en cuenta que en la maternidad de María —como dice el cardenal Ratzinger— no se puede separar lo biológico de lo antropológico y lo teológico. Los tres aspectos se integran en Ella en una unidad maravillosa. Engendra verdaderamente a Cristo, que toma de María y solo de María la naturaleza humana, lo cual sucede por el poder del Altísimo que la cubre «con su sombra» (el Espíritu Santo), no sin antes haber creído en la palabra del Ángel. La concepción virginal es obra de Dios y fruto de la fe colosal de María: «¡Feliz la que ha creído que se cumplirían las cosas que le fueron dichas de parte del Señor!» (Lc 1, 45). Siendo verdadera Madre, es Madre singular; cabe decir, más madre que todas las madres, madre con todo su ser. Concibe antes en su mente que en su seno al Hijo de Dios (Dios Hijo) y es más bienaventurada por lo primero que por lo segundo. Estas palabras se aplican bien a María, la Virgen del *fiat*: «*Grande y heroica fue la obediencia de su fe* —dice Juan Pablo II—; precisamente a través de esta fe María se unió perfectamente a Cristo, en la muerte y en la gloria»[42].

Esa maternidad tan singular y profunda, tan *abarcante*, por decirlo así, de la totalidad de su Hijo, Jesucristo, hace

---

[41] Juan Pablo II, *Audiencia general*, 9-VII-1997.
[42] Juan Pablo II, Castelgandolfo, 15-VIII-2002.

pensar inevitablemente en la expresión bíblica expresiva de la unión conyugal que hace de dos *una caro, una sola carne*: dos personas distintas, sin dejar de ser dos, se convierten en una unidad indisoluble. Adán y Eva habían de ser *una caro*, para llegar a ser un solo espíritu y formar la gran familia humana de los hijos de Dios, comunión de santos. Cristo es el Nuevo Adán; María, la Nueva Eva. El paralelismo no es simétrico, pero ambos verdaderamente, más que los primeros, son en un profundo sentido, «*una caro*», *una sola carne*, como una sola cosa, una unidad de dos.

Al menos desde el siglo VIII se dice «*Caro Jesu caro est Mariae*», la carne de Cristo es la carne de María[43]. Esta expresión de Ambrosio Autperto se encuentra referida a la Asunción y concretamente a la incorrupción del cuerpo de la Virgen. ¿Cómo iba a permitir Dios Hijo la corrupción de un cuerpo tan *uno* con el suyo, tan unido por el mismo Espíritu? ¿O cómo iba a dejarlo en un sepulcro, aunque fuese incorrupto? No, la que fue primer Tabernáculo, primera Sede, primer Sagrario (viviente, por cierto) del Logos humanado, había de compartir con el Redentor y con plenitud, la vida eterna en la totalidad de su persona. Así dice Juan Pablo II: «Como había sucedido en el origen del género humano y de la historia de la salvación, en el proyecto de Dios, el ideal escatológico no debía revelarse en una persona, sino en una pareja. Por eso, en la gloria celestial, al lado de Cristo resucitado hay una mujer resucitada, María: el nuevo Adán y la nueva Eva, primicias de la resurrección general de los cuerpos de toda la humanidad. Ciertamente,

---

[43] Ambrosio Autperto (+ 778), *Sermo in Assumptione* 11.

la condición escatológica de Cristo y la de María no se han de poner en el mismo nivel. María, nueva Eva, recibió de Cristo, nuevo Adán, la plenitud de gracia y de gloria celestial, habiendo sido resucitada mediante el Espíritu Santo por el poder soberano del Hijo»[44].

Por su maternidad, María está, en su ser y en su obrar, ordenada al ser y obrar del Verbo encarnado, ordenada aunque subordinada a Jesucristo; estrechamente unida a Él, cooperó con su amor a que naciesen en la Iglesia los fieles[45]. Pero esta vida total y plena no debe quedar restringida a la santificación del alma que, regenerada en Cristo, debería gozar de aquella vida que Él vino a darnos en abundancia; esta vida debe llegar hasta glorificar el cuerpo. La gracia es una semilla de resurrección, de vida inmortal y eterna; y la glorificación del cuerpo humano al final de los tiempos no es algo arbitrario, sino, más bien, algo debido al cuerpo separado de un alma poseída por la gracia de Cristo.

Si Adán y Eva introdujeron en el mundo la muerte del alma (pecado) y la muerte del cuerpo, Cristo y María, principio eficacísimo de redención total, fueron causa de vida para el alma (gracia) y para el cuerpo (resurrección). Es lógico que lo que es causa de vida y antídoto contra la muerte no permanezca en el sepulcro presa de la misma muerte. La glorificación del cuerpo de María se ha adelantado. Y es que, como dice Aldama, la incomparable gracia de María ha dado de una vez la flor y el fruto: la santificación del alma y la glorificación del cuerpo. El alma sola de María no podía contener tanta abundancia.

---

[44] Juan Pablo II, *Audiencia general,* 9-VII-1997.
[45] Cfr. *Lumen Gentium,* 53.

Armonía con el dogma de la Inmaculada

«El Concilio Vaticano II, recordando en la constitución dogmática sobre la Iglesia el misterio de la Asunción, atrae la atención hacia el privilegio de la Inmaculada Concepción: precisamente porque fue «preservada libre de toda mancha de pecado original» (Lumen gentium, 59), María no podía permanecer como los demás hombres en el estado de muerte hasta el fin del mundo. La ausencia del pecado original y la santidad, perfecta ya desde el primer instante de su existencia, exigían para la Madre de Dios la plena glorificación de su alma y de su cuerpo» [46].

El privilegio de la Asunción de María brilló con nuevo resplandor desde que Pío IX definiera solemnemente el dogma de la Inmaculada Concepción. Como ha dicho Pío XII, son dos privilegios estrechamente unidos entre sí. Y de tal modo que se puede percibir en la glorificación de María un eco lejano de su concepción primera, y que se pueden armonizar en un mismo plan divino la Asunción corporal y la Concepción Inmaculada. Todo ello porque la *redención preventiva*, mediante la cual María fue Inmaculada, nos permite comprender la ley de privilegio y *anticipación* que el Logos se impone respecto de su Madre. Si la resurrección es el triunfo y el trofeo de la redención, a una redención preventiva y anticipada corresponderá una anticipada resurrección.

---

[46] Juan Pablo II, *Audiencia general*, 9-VII-1997.

Armonía con la Maternidad Virginal

Ya quedó dicho al tratar de la maternidad divina, pero quizá sea oportuno insistir en un extremo: lo que anuncia la Asunción no es tanto la virginidad sin más como la virginidad perpetua de María, con especial acento en la virginidad en el parto. Éste es el punto que nos conduce por la senda de la incorrupción como voluntad de Dios para su Madre, hasta llegar a la glorificación anticipada. Así, entre otros, San Efrén, San Germán de Constantinopla, San Andrés de Creta, San Juan Damasceno. El mismo recorrido hacen la venerable liturgia bizantina y nuestra liturgia hispana. El cuerpo de María tan graciosa y divinamente poseído no puede ser presa de la corrupción; postula los esplendores de la glorificación.

La verdad del parto virginal proclama el decreto divino de preservar en absoluto la integridad corporal de la Madre de Dios.

Armonía con el amor de Cristo por su Madre

Finalmente, la glorificación anticipada de María parece ser exigida por la disposición psicológico afectiva que la maternidad divina supone en el Hijo. Pudiendo darle tanto honor y gloria de eternidad al preservarla inmune de la corrupción, es lógico concluir que lo hizo. Lo contrario, dice San Alfonso María de Ligorio, hubiese redundado en deshonor del mismo Hijo.

«San Germán, en un texto lleno de poesía, sostiene que el afecto de Jesús a su Madre exige que María se vuelva a unir con su Hijo divino en el cielo: «Como un niño busca y desea la presencia de su madre, y como una madre quiere vivir en compañía de su hijo, así también era conveniente que tú, de cuyo amor materno a tu Hijo y Dios no cabe duda alguna, volvieras a él. ¿Y no era conveniente que, de cualquier modo, este Dios que sentía por ti un amor verdaderamente filial, te tomara consigo?»[47]. En otro texto, el venerable autor integra el aspecto privado de la relación entre Cristo y María con la dimensión salvífica de la maternidad, sosteniendo que: «Era necesario que la madre de la Vida compartiera la morada de la Vida»[48]»[49].

«Convenía —escribe San Juan Damasceno— que aquella que en el parto había conservado íntegra su virginidad, conservase sin ninguna corrupción su cuerpo después de la muerte. Convenía que aquella que había llevado en su seno al Creador hecho niño, habitara en la morada divina. Convenía que la Esposa de Dios entrara en la casa celestial. Convenía que aquella que había visto a su Hijo en la Cruz, recibiendo así en su corazón el dolor de que había estado libre en el parto, lo contemplase sentado a la diestra del Padre. Convenía que la Madre de Dios poseyera lo que corresponde a su Hijo, y que fuera honrada como Madre y Esclava de Dios por todas las criaturas»[50].

San Josemaría Escrivá recoge estas palabras del Damasceno en el siguiente contexto: «¿Cómo nos habríamos comportado, si hubiésemos podido escoger la madre nues-

---

[47] *Hom. 1 in Dormitionem. PG* 98, 347.
[48] *Ib.: PG* 98, 348.
[49] Juan Pablo II, *Audiencia general,* 9-VII-1997
[50] San Juan Damasceno, *Homilía II in Dormitionem B. V. Mariae,* 14.

tra? Pienso que hubiésemos elegido a la que tenemos, llenándola de todas las gracias. Eso hizo Cristo: siendo Omnipotente, Sapientísimo y el mismo Amor, su poder realizó todo su querer (...). Los teólogos han formulado con frecuencia un argumento semejante, destinado a comprender de algún modo el sentido de ese cúmulo de gracias de que se encuentra revestida María y que culmina con la Asunción a los cielos. Dicen: *convenía, Dios podía hacerlo, luego lo hizo* [51]. Es la explicación más clara de por qué el Señor concedió a su Madre, desde el primer instante de su inmaculada concepción, todos los privilegios. Estuvo libre del poder de Satanás; es hermosa —*tota pulchra!*—, limpia, pura en alma y cuerpo» [52].

Alcance salvífico del misterio, esperanza del hombre

Ahora bien, los privilegios de María no son ajenos a la economía de la salvación de los fieles. «La Madre de Jesús, de la misma manera que, glorificada ya en los cielos en cuerpo y alma, es imagen y principio de la Iglesia que habrá de tener su cumplimiento en la vida futura, así en la tierra precede con su luz al peregrinante Pueblo de Dios como signo de esperanza cierta y de consuelo hasta que llegue el día del Señor» [53]. «Sobre los hombres de la pre-

---

[51] Cfr. Juan Duns Escoto, *In III Sententiarum*, dist. III, q. 1.
[52] San Josemaría Escrivá, *Es Cristo que pasa*, núm 171.
[53] LG n. 68; cfr. Vat II, *Sacrosantum Concilium*. n. 103: «La Santa Iglesia... admira y ensalza en Ella el fruto más espléndido de la Redención y la contempla gozosamente como una purísima imagen de lo que ella misma, toda entera, ansia y espera ser».

sente generación —decía Pío XII el mismo día de la definición dogmática—, tan trabajada y dolorida, descarriada y desilusionada, pero también saludablemente inquieta en la búsqueda de un gran bien perdido, se abre un halo luminoso del cielo, fulgurante de candor de esperanza, de vida feliz». Pablo VI consideraba que: «nuestra aspiración a la vida eterna parece cobrar alas y remontarse a cimas maravillosas, al reflexionar que nuestra Madre celeste está allá arriba, nos ve y nos contempla con su mirada llena de ternura» [54].

«En esta fiesta [de la Asunción de María] pletórica de esperanza y de alegría —enseñaba el cardenal Joseph Ratzinger— comprendemos que Jesucristo no ha querido estar solo a la derecha del Padre, y que con ella se clausura propiamente la nueva Pascua. Jesucristo, grano de trigo muerto, no se va solo para encontrarse a solas con el Padre, abandonando a su suerte nuestra tierra. Recibiendo a María, inicia para nosotros, los que estamos en la tierra, nuestra propia recepción para que Dios y nuestro mundo se vayan compenetrando, y aparezca una tierra nueva. Por tanto, la enseñanza que se nos da en este día es la siguiente: que el Señor no está solo; que el nacimiento de la tierra nueva, lejos de situarse en el futuro, ha comenzado ya, y que es un germen para cualquiera de los hombres desde el momento en que se da completamente a Dios» [55]. Más adelante añadía: «María es el ser humano que se nos ha adelantado plenamente, y que por ello es para nosotros un

[54] Pablo VI, *Discurso* del 15-VIII-1963.
[55] Joseph Ratzinger, *Homilía en el Hegenauerpark de Ratisbona, solemnidad de la Asunción de Nuestra Señora*, 1993. En el libro *De la mano de Cristo*, Ed. Eunsa, Pamplona 2005, pp.85-89.

foco de esperanza. Los intentos que se han hecho, en los últimos 200 años, para crear un hombre nuevo, y con él establecer una tierra nueva, nos han llevado a consecuencias catastróficas. Nosotros somos incapaces de hacer eso; pero Dios sí lo puede, lo hace, y nos enseña la manera de prepararnos para el encuentro con Él»[56].

Así pues, la Asunción de María es el argumento o prueba de que todos los fieles de los cuales la Virgen Santísima es Madre, estarán un día con sus cuerpos glorificados junto a Cristo glorioso. Nuestro futuro no es utópico. Es una realidad existente en Cristo y María. «La Asunción al cielo es como una gran anticipación del cumplimiento definitivo de todas las cosas en Dios, según cuanto escribe el Apóstol: «Luego, el fin, cuando entregue (Cristo) a Dios Padre el Reino, para que Dios sea todo en todo» (1 Cor 15, 24, 28). ¿Acaso Dios no es todo en aquella que es la madre inmaculada del Redentor?»[57].

«Sería ingenuo —dice San Josemaría— negar la reiterada presencia del dolor y del desánimo, de la tristeza y de la soledad, durante la peregrinación nuestra en este suelo. Por la fe hemos aprendido con seguridad que todo eso no es producto del acaso, que el destino de la criatura no es caminar hacia la aniquilación de sus deseos de felicidad. La fe nos enseña que todo tiene un sentido divino, porque es propio de la entraña misma de la llamada que nos lleva a la casa del Padre. No simplifica, este entendimiento sobrenatural de la existencia terrena del cristiano, la complejidad humana; pero asegura al hombre que esa

---

[56] *Ibidem.*
[57] Juan Pablo II, Alocución, 15 de agosto de 1995, n. 3.

complejidad puede estar atravesada por el nervio del amor de Dios, por el cable, fuerte e indestructible, que enlaza la vida en la tierra con la vida definitiva en la Patria. / La fiesta de la Asunción de Nuestra Señora nos propone la realidad de esa esperanza gozosa. Somos aún peregrinos, pero Nuestra Madre nos ha precedido y nos señala ya el término del sendero: nos repite que es posible llegar y que, si somos fieles, llegaremos. Porque la Santísima Virgen no sólo es nuestro ejemplo: es auxilio de los cristianos. Y ante nuestra petición —*Monstra te esse Matrem*—, no sabe ni quiere negarse a cuidar de sus hijos con solicitud maternal»[58].

La dignidad del cuerpo humano

Aunque brevemente, Juan Pablo II puso también de relieve que la Asunción de María, además de promover la dignidad de la mujer, manifiesta la nobleza y dignidad del cuerpo humano: «Frente a la profanación y al envilecimiento a los que la sociedad moderna somete frecuentemente, en particular, el cuerpo femenino, el misterio de la Asunción proclama el destino sobrenatural y la dignidad de todo cuerpo humano, llamado por el Señor a transformarse en instrumento de santidad y a participar en su gloria. Contemplando a María Asunta, el cristiano aprende a descubrir el valor de su propio cuerpo y a cus-

---

[58] San Josemaría Escrivá, *La Virgen Santa, Causa de nuestra alegría*, Homilía pronunciada el 15-VIII-1961, fiesta de la Asunción, en *Es Cristo que pasa*, nn. 171 y 177.

todiarlo como templo de Dios, en espera de la resurrección y glorificación de la vida eterna bienaventurada. La Asunción, privilegio concedido a la Madre de Dios, representa así un inmenso valor para la vida y el destino de la humanidad»[59].

La recomendada contemplación diaria, atenta y amorosa, aunque sea breve, de los misterios del Santo Rosario, ayuda a comprender las consecuencias últimas de aquella total disponibilidad radicada en el amor implicada en el *fiat* pronunciado por los labios de la más hermosa criatura[60].

---

[59] Cfr. Juan Pablo II, *Audiencia general,* 9-VII-1997.

[60] Joseph Ratzinger ve una clara conexión entre el sí de María (*fiat!*) y la *Mater Assumpta,* la Virgen-Madre llevada al cielo (cf. pp. 25-26). Y es que en María, como en Jesús, no se pueden separar lo «biológico», lo humano y lo «teológico» (cf. Joseph Ratzinger, *María, Iglesia naciente,* Ed. Encuentro 1999, pp. 23, 25-26).

Capítulo V

LA REALEZA DE MARÍA SANTÍSIMA

Declaración del privilegio mariano

Al misterio de la Asunción de María Santísima acompaña una prerrogativa muy querida del pueblo cristiano: la Coronación de María Santísima como Reina y Señora de todo lo creado. *Lumen gentium* así lo declara: «la Virgen Inmaculada, preservada inmune de toda mancha de culpa original, terminado el curso de la vida terrena, en alma y cuerpo fue asunta a la gloria celestial y enaltecida por el Señor como Reina del Universo, para que se asemejara más plenamente a su Hijo, Señor de los que dominan [1], vencedor del pecado y de la muerte» [2].

El tema es riquísimo e inagotable. Contemplaremos aquí solo algunos aspectos del Señorío de Nuestra Madre, su fundamento, modo y consecuencias.

---

[1] Ap., 19, 16. • [2] LG 59; cit CEC 966.

Fundamento y consideraciones teológicas

Fuentes de la Revelación

Al tema de la realeza de Cristo y María está íntimamente unido el de la «recapitulación» en Cristo de todas las cosas[3], que ahora solo podemos insinuar. María ha sido asociada también a la función de Cristo *Cabeza* de la Humanidad. Con una cierta analogía, se puede afirmar que la Bienaventurada Virgen fue asociada al nuevo Adán, Cristo, formando con Él una sola cosa —*una caro,* en expresión no simétrica con la de Gen 2, Mc 7,8, Ef 5, 31-32—. Es la *Esposa* del Redentor, en un sentido espiritual sublime muy hondo. La exégesis bíblica lo descubre. En su seno virginal se encarnó el Logos divino y su Hijo la eleva para siempre, íntegra, con alma y cuerpo, al *centro amoroso* de la Trinidad, a la derecha de la Cabeza de la nueva Humanidad por Él redimida.

a) Repasemos algunos textos de la Escritura para releerlos con vistas al tema que nos ocupa. Volvamos al libro del Apocalipsis: «Una gran señal apareció en el cielo: una mu-

---

[3] Ef 1, 9-10: «el Misterio de su voluntad según el benévolo designio que en él se propuso de antemano, para realizarlo en la plenitud de los tiempos: hacer que todo tenga a Cristo por Cabeza, lo que está en los cielos y lo que está en la tierra». Dice Pío XII: «si María fue asociada por voluntad de Dios a Cristo Jesús, principio de la salud, en la obra de la salvación espiritual. Y lo fue de modo semejante a aquel que Eva fue, asociada a Adán, principio de la muerte, así se puede afirmar que nuestra Redención se efectuó según cierta recapitulación, por la cual el género humano, sujeto a la muerte por causa de una virgen, se salva también por medio de una Virgen» (Pío XII, Enc. *Ad coeli reginam*).

jer, vestida del sol, con la luna bajo sus pies, y una corona de doce estrellas sobre su cabeza» (12, 1). En esta mujer resplandeciente de luz los Padres de la Iglesia reconocieron a María. En su triunfo, el pueblo cristiano, peregrino en la historia, entrevé el cumplimiento de sus expectativas y el signo cierto de su esperanza[4].

b) Cuando el hijo que milagrosamente llevaba Isabel en el seno se estremece de alegría, al oír el saludo de la Virgen Madre, exclama: «¿De dónde a mí que la *madre de mi Señor* venga a mí?» (Lc 1, 43). Decir «la madre de mi Señor» es tanto como decir «la Señora», «la Reina». *Kyrios,* «Señor», llegó a ser sinónimo del nombre de Dios[5]. Así se inicia una tradición ininterrumpida. Orígenes comenta esas palabras pronunciadas por Isabel en la Visitación: «Soy yo quien debería haber ido a ti, puesto que eres bendita por encima de todas las mujeres, tú, la madre de mi Señor, tú, mi Señora»[6]. En este texto, se pasa espontáneamente de la expresión «la madre de mi Señor» al apelativo «mi Señora», anticipando lo que declarará más tarde San Juan Damasceno, que atribuye a María el título de «Soberana»: «Cuando se convirtió en madre del Creador, llegó a ser verdaderamente la soberana de todas las criaturas»[7].[8].

Benedicto XVI concluye su estudio sobre la expresión «Reino de Dios» en los Evangelios, diciendo que «la traducción 'Reino de Dios' es inadecuada, sería mejor hablar

---

[4] Cfr. Benedicto XVI, *Angelus,* CastelGandolfo, 15. VIII.2006.
[5] Joseph Ratzinger. Benedicto XVI, *Jesús de Nazaret,* p. 372.
[6] *Fragmenta: PG 13, 1.902* D.
[7] *De fide orthodoxa 4, 14; PG 94, 1.157*
[8] Cfr. Juan Pablo II, *Audiencia general,* 23-VII-1997

del 'ser soberano de Dios' o del reinado de Dios»[9]. En otro sentido, añade, «Reino de Dios» es el mismo Cristo, Dios y hombre verdadero en cuanto a su presencia e intervención dinámica en la Historia, conduciendo todo hacia el Padre, para ser *todo en todos* (Col 3, 11)[10]. Pues bien, esta función *capital* de Cristo *Cabeza*, es *participada* por María como ninguna otra criatura. María *participa de la capitalidad* de Cristo. Cristo, en términos de San Pablo, «recapitula» en Él todas las cosas (cfr. Ef 1, 10); lo está haciendo: «la plenitud de los tiempos» ha llegado a nosotros (cfr. 1 Cor 10, 11). La renovación del mundo está decretada irrevocablemente y se anticipa en cierta manera en este tiempo, pues la Iglesia, aunque todavía necesitada de purificación, posee la santidad plena en su Cabeza y peregrina hacia los nuevos cielos y la nueva tierra (cfr. Pd 3, 13); posee todos los medios de santificación —sacramentos e instituciones— a la vez que vive entre las criaturas que gimen todavía con dolores de parto (cfr. Rom 8, 19-22). La Iglesia, Cuerpo y Esposa de Cristo, todavía ha de sufrir mucho, anunciando el Evangelio a muchas naciones, muchos pueblos, muchas personas, hasta que llegue el momento en que Cristo *llene* todas las cosas (cfr. Ef 4, 10), de manera que todas queden transformadas a semejanza de su cuerpo resucitado y glorioso, integradas gozosamente en el «unum» del que hemos hablado en el capítulo anterior: «que todos sean uno, como Tú, Padre, estás en Mí y Yo en Ti». Todo tendrá a Cristo por Cabeza y «la ley perfecta de la libertad» (St 1, 25) será plenamente comprendida y vivida en la gra-

---

[9] Ver Benedicto XVI, *Jesús...*, p. 83 y todo el cap. 3. • [10] *Ibid.*

cia, el amor y la sabiduría de Cristo, en la contemplación inefable de Dios Trinidad, Bien infinito, capaz, en efecto, de *saciar sin saciar* por toda la eternidad.

Así llegamos de nuevo al concepto de *anticipación* mariana. María ha alcanzado ya «la culminación final, en el espíritu y en la carne, de aquel ser en Cristo específico de la vida sobrenatural. Tal culminación ya ha sido realizada en María: la Asunción, en efecto, comporta que María ha sido santificada 'enteramente y totalmente en la culminación escatológica'» [11]. Y ha llegado como «la Mujer» —Nueva Eva—, tomando parte en la «recapitulación» de su Hijo. Si Jesús «todo lo hizo bien» en la tierra, también lo hace en *la nueva tierra*. Es decir, sin que nada falte de verdad, bondad y belleza. Ahora bien, detengámonos un momento a pensar con esas razones que el corazón entiende, es decir, inmersos en la lógica del amor y la belleza: ¿No faltaría «algo» en la Cabeza de la nueva humanidad, si —de algún modo que no sabemos explicar con la razón "matemática"—, faltase «la Mujer»?

La Tradición

Se indica que el pueblo cristiano ha creído siempre, aun en los siglos pasados, que Aquélla, de la que nació el Hijo del Altísimo —que *reinará eternamente en la casa de Jacob* y será *Príncipe de la Paz, Rey de los reyes y Señor de los señores,* por encima de todas las demás criaturas— recibió de

---

[11] Fernando Ocáriz, o.c., p. 154; cfr. *Sagrada Biblia, San Pablo: Epístolas de la cautividad,* Ed. Eunsa, Ef 1, 10, nota in loc.

Dios singularísimos privilegios de gracia. Considerando las íntimas relaciones que unen a la Madre con el Hijo, reconoció fácilmente en la Virgen María una regia preeminencia sobre todas las criaturas[12].

Los antiguos escritores de la Iglesia, apoyándose en las palabras del arcángel San Gabriel, que predijo el reino eterno del Hijo de María[13], y las de Santa Isabel, que se inclinó ante Ella llamándola *Madre de mi Señor*[14], quisieron significar que del señorío del Hijo refluyó sobre la Madre una singular prerrogativa y preeminencia.

Entre los testimonios de especial cualificación hemos de mencionar a San Efrén[15] y San Gregorio Nacianceno. También Orígenes —a pesar de que incurrió en algún error mariológico— proclama a María, Señora, Dominadora y Reina. San Juan Damasceno dice: «Ciertamente, ella es en sentido propio y verdadero Madre de Dios y Señora; tiene imperio sobre todas las criaturas, porque es sierva *y* madre del Creador»[16]. San Jerónimo expone su

---

[12] «Si tú y yo hubiéramos tenido poder, la hubiéramos hecho también Reina y Señora de todo lo creado» (San Josemaría Escrivá, *Santo Rosario*, Quinto misterio glorioso). «La Madre de Cristo, Rey y Señor de todo lo creado, Rey de un reino de vida, de verdad, de santidad, de gracia, de justicia, de amor y de paz [Cfr. Misa de la fiesta de Cristo Rey, Prefacio], es Reina también del mundo, de los hombres y de los ángeles. Reina que ansía reinar, antes que nada, en los corazones de sus hijos» [J. Escrivá de Balaguer, *La Virgen*, en Libro de Aragón, ed. por la Caja de Ahorros y Monte de Piedad de Zaragoza, Aragón y Rioja, 1976].

[13] Cfr Lc 1, 32-33. • [14] *Lc* 1,43.

[15] San Efrén, *Hymni de B. María*, 19. Hace hablar a María de este modo: «El cielo me sostenga con sus abrazos, porque soy más honrada que él mismo. Pues el cielo fue tan sólo tu trono, no tu madre. Ahora bien, cuánto más digna de honor y veneración es la Madre del Rey que no su trono!»

[16] *De fide orth. IV* 14.

pensamiento acerca de las varias interpretaciones del nombre de María: «Hay que saber que María en la lengua siríaca significa «señora»». Del mismo modo se expresa, después de él, San Pedro Crisólogo. Repetidas veces San Andrés Cretense atribuye a la Virgen María la dignidad real: «Es Reina de todos los hombres, pues llevando con verdad tal nombre, si se exceptúa a sólo Dios, es más excelsa que todas las cosas». Y así muchos otros Padres la proclaman: «Reina, Dueña, Señora», y también «Señora de todo lo creado», «Reina por siempre cabe su Hijo Rey, cuyas cándidas sienes ciñe una diadema de oro». San Epifanio, obispo de Constantinopla, escribe al Sumo Pontífice Hormisdas, que se ha de implorar la unidad de la Iglesia *por la gracia de la santa y consubstancial Trinidad y por la intercesión de nuestra santa Señora, gloriosa Virgen y Madre de Dios, María.* San Ildefonso de Toledo abarca con este saludo casi todos los títulos que la honran: «¡oh Señora mía!, tú eres mi Dueña; ¡oh Soberana mía!, Madre de mi Señor... Señora entre las siervas, Reina entre las hermanas». En fin, por no alargarnos, San Alfonso de Ligorio, resumiendo toda la tradición de los siglos anteriores, escribió: *«Porque la Virgen María fue exaltada a ser la Madre del Rey de los reyes, con justa razón la Iglesia la honra con el título de Reina».* Y así muchos otros.

La Sagrada Liturgia

La Sagrada Liturgia, refleja como fiel espejo la doctrina que legada por el pueblo cristiano a través de las edades, tanto en oriente como en occidente, canta y celebra perennemente las alabanzas de la Reina del cielo [17]. *La Iglesia latina* entona con frecuencia la antigua y dulce plegaria llamada «Salve Regina» y, entre otras, las alegres antífonas «Ave Regina caelorum» [18] y «Regina caeli laetare». Esta última es una tradicional antífona que se reza y se canta en los oficios de todo el tiempo pascual y también en lugar del «Angelus». Junto a estas preces deben destacarse las *Letanías lauretanas,* que diariamente invitan al pueblo cristiano a invocar una y otra vez a María como Reina. Desde hace siglos acostumbran también los fieles cristianos a meditar el reinado de María al contemplar el quinto misterio glorioso del Santo Rosario.

Finalmente, *el arte* basado en principios cristianos y animado por su inspiración, al traducir la sencilla y espontánea piedad de los fieles, ya desde el Concilio de Éfeso, representa a María como Reina y Emperatriz, sentada en solio real, ataviada con las insignias reales, ceñida la diadema y rodeada de los ángeles y santos del cielo, como quien no solamente tiene poderío sobre las cosas y las energías de la naturaleza, sino también sobre los ímpetus ma-

---

[17] «Cantaré un himno a la Reina Madre —reza el precioso himno bizantino *Akatistos*— y me acercaré gozoso a celebrar sus glorias, cantando alegre sus maravillas... ¡oh Señora!, nuestra lengua es incapaz de alabarte dignamente, pues Tú, que engendraste a Cristo Rey, has sido elevada sobre los serafines... Dios te salve, ¡oh Reina del mundo!; ¡oh María!, Reina de todos nosotros». Y en el misal etiópico se lee: «¡oh María, centro de todo el mundo!; eres más grande que los querubines, dotados de muchos ojos, y que los serafines, adornados de seis alas... El cielo y la tierra están colmados de la santidad de tu gloria».

[18] En la Misa de los Dolores de Nuestra Señora —15 de septiembre— se la proclamaba Reina del Cielo antes de la secuencia Stabat Mater y del Evangelio: «Aleluya, aleluya. Santa María, la Reina del Cielo y Señora del mundo, estaba dolorosa junto a la Cruz de nuestro Señor Jesucristo.»

lignos de Satanás[19]. *La iconografía* se ha visto enriquecida en todos los tiempos por obras de arte bellísimas, representando la Coronación de María. Pintores y escultores no cesan de representar a Jesucristo o a la Santísima Trinidad ciñendo a la Virgen con espléndida corona.

Los Romanos Pontífices, secundando la piedad popular, muchas veces ciñen con diademas o coronas —en ocasiones deslumbrantes, en otras, de exquisita finura— las imágenes de la Madre Virgen distinguidas por la pública veneración, ya sea por sus propias manos, ya por medio de sus representantes.

El Magisterio de la Iglesia

Los Supremos Pastores de la Iglesia han creído ser cosa propia de su cargo aprobar y fomentar con sus alabanzas y exhortaciones la devoción del pueblo cristiano hacia la celestial Madre y Reina. Destaquemos que Sixto IV, en la bula *Cum praexcelsa*, al referirse favorablemente a la doctrina de la Inmaculada Concepción de la Bienaventurada Virgen, comienza con estas palabras: *Reina, que siempre vigilante intercede junto al Rey que ha engendrado*. E igualmente Benedicto XIV, en la bula *Gloriosae Dominae* llama a María *Reina del Cielo y de la tierra*, afirmando que *el Sumo Rey le ha confiado a ella, en cierto modo, su propio imperio.*

---

[19] Cfr. Ad CR in fine.

Pío XII dedicó una encíclica entera al misterio que consideramos: *Ad coeli reginam*[20], a la cual se refiere la constitución *Lumen gentium*, del Concilio Vaticano II, indicando como fundamento de la realeza de María, además de su maternidad, su cooperación en la obra de la redención. La Encíclica recuerda el texto litúrgico: «Santa María, Reina del cielo y Soberana del mundo, sufría junto a la cruz de Nuestro Señor Jesucristo»[21]. *Ad coeli reginam* establece, además, una analogía entre María y Cristo, que nos ayuda a comprender el significado de la soberanía de la Virgen. Cristo es Rey no sólo porque es Hijo de Dios, sino también porque es Redentor. María es Reina no sólo porque es Madre de Dios, sino también porque, asociada como nueva Eva al nuevo Adán, cooperó en la obra de la redención del género humano[22]. En el evangelio según San Marcos leemos que el día de la Ascensión, el Señor Jesús «fue elevado al cielo y se sentó a la diestra de Dios» (Mc 16, 19). En el lenguaje bíblico, «sentarse a la diestra de Dios» significa *compartir su poder soberano*. Derecha significa poder. Cristo —Logos hecho carne— se halla a la derecha de Dios Padre. María —dadora de su carne al Logos— se halla a la derecha del Logos. Le sigue inmediata en poder. Sentándose «a la diestra del Padre», Él instaura su Reino, el Reino de Dios. Elevada al cielo, María es *asociada al poder de su Hijo* y se entrega a la extensión del Reino, participando en la difusión de la gracia divina en el mundo. Observando la analogía entre la Ascensión de

[20] Pío XII, Encíclica *Ad Coeli Reginam*- (a la Reina del Cielo). Octubre 1954. Establece la fiesta de María Reina.
[21] *AAS 46 [1954], 634.* • [22] *AAS 46 [1954], 635.*

Cristo y la Asunción de María, podemos concluir que, subordinada a Cristo, María es la reina que posee y ejerce sobre el universo una soberanía que le fue otorgada por su Hijo mismo [23]. Juan Pablo II, en *Redemptoris Mater* insistirá en que «la Madre de Cristo es glorificada como 'Reina universal'».

¿Cómo reina la Madre de Dios?

Hablamos de reinar *en serio,* como relativo a soberanía y dominio. Reinar, en su sentido original, es regir, gobernar, mandar, no simplemente «decorar», presidir, inaugurar, o cosas semejantes. Regir, en sentido propio, implica iniciativa y capacidad decisoria. María lo hace a su modo. Lo contemplamos en las bodas de Caná. Allí se encontraba «la Mujer» *in ortu rerum,* donde se distribuían los ingredientes de la fiesta. Se acababa el vino y María discurre por *su cuenta:* piensa y presiente que es llegada «la hora», el momento de la «automanifestación» de Jesús como el Mesías. Discurre y sugiere. De este modo, tan sencillo, femenino y eficaz, rige la Madre de Dios la Historia de la salvación y —con toda su suavidad, con todo respeto a la libertad de su Hijo y de cada uno de los fieles— rige la vida de todos sus hijos. «Con su *mirada penetrante,* es capaz de leer en lo íntimo de Jesús, hasta percibir sus sentimientos escondidos y presentir sus decisiones» [24]. «Siguiendo al evangelista Juan, el Concilio destaca el papel discreto y, al mismo

---

[23] Cfr. Juan Pablo II, *Audiencia general,* 23-VII-1997.
[24] Juan Pablo II, Carta *Rosarium Virginis Mariae,* 10.

tiempo, eficaz de la Madre, que con su palabra consigue de su Hijo 'el primero de los milagros'. Ella, aun ejerciendo un influjo discreto y materno, con su presencia es, en último término, *determinante*. La iniciativa de la Virgen resulta aún más sorprendente si se considera la condición de inferioridad de la mujer en la sociedad judía. En efecto, en Caná Jesús no sólo reconoce la dignidad y el papel del genio femenino, sino que también, acogiendo la intervención de su madre, le brinda la posibilidad de *participar en su obra mesiánica* [...] A algunos la petición de María les parece desproporcionada porque subordina a un acto de compasión el inicio de los milagros del Mesías. A la dificultad responde Jesús mismo, quien, al acoger la solicitud de su madre muestra la superabundancia con que el Señor responde a las expectativas humanas, manifestando también *el gran poder que entraña el amor de una madre*» [25]. «Ciertamente —dice San Juan Damasceno— ella es en sentido propio y verdadero Madre de Dios y Señora; ella tiene imperio sobre todas las criaturas, porque es sierva *y* madre del Creador» [26].

El poder de María

¿Cómo reina María, con qué poder? Con el poder de un corazón dulcísimo. Su fuerza se resume en una palabra: oración. O dicho de otro modo: con el amor de Hija de

---

[25] Juan Pablo II, *Aud. gen.* 5-III-1997, 1; subrayados nuestros. Para otros aspectos teológicos y lingüísticos de la escena de la bodas de Caná: Benedicto XVI, *Homilía en la Plaza del santuario mariano de Altötting, 11-IX-2006.*
[26] *De fide orth. iv* 14.

Dios Padre, con el amor de Madre de Dios Hijo y con el amor de Esposa de Dios Espíritu Santo, reunidos en un solo corazón. John H. Newman lo explica así: «la Santísima Virgen es llamada *Poderosa,* y a veces también Todopoderosa, porque posee, más que nadie, más que todos los ángeles, más que todos los santos, este grande, este poderoso don de la oración. Nadie hay que tenga el acceso al Todopoderoso que tiene Su Madre; nadie tiene tanto mérito como Ella. Su Hijo no puede negarle nada de lo que Ella le pida; de ahí viene el poder que Ella tiene. Siendo ella la defensora de la Iglesia, ni lo de arriba ni lo de abajo, ni hombres ni espíritus, ni grandes monarcas, ni las malas intenciones, ni la violencia del populacho, pueden llegar a hacernos daño; la vida humana es corta, pero María reina en lo alto: es Reina para siempre» [27].

El argumento carece de fisuras. «El Padre ha querido poner a María cerca de Cristo y en comunión con Él...: *a la intercesión sacerdotal del Redentor ha querido unir la intercesión maternal de la Virgen.* Es una función que ella ejerce en beneficio de quienes están en peligro y tienen necesidad de favores temporales y, sobre todo, de la salvación eterna» (LG 62). María, sentada a la diestra de su unigénito Hijo, con sus maternas súplicas obtiene cuanto pide, y su voz será siempre escuchada. Juan Pablo II se hacía eco de la tradicional oración *Regina Coeli* y decía en ese contexto: «La revelación del poder divino del Hijo mediante la resurrección, es al mismo tiempo revelación de la 'omnipotencia suplicante' (*omnipotentia suplex*) de María en rela-

---

[27] John H. Newman, *Rosa mística,* Ed. Rialp, 28.V.

ción con este Hijo» [28]. A tal extremo llega su poder, que «Ella revela la salvación, acerca la gracia incluso a quienes parecen los más indiferentes y alejados. En el mundo, que junto al progreso manifiesta su 'corrupción' y su 'envejecimiento', Ella no cesa de ser 'el comienzo del mundo mejor' (*origo mundi melioris*)» [29].

No faltan acontecimientos contemporáneos que, para quien conoce las revelaciones privadas de la Virgen en Fátima, presentan todas las características de una intervención directa de María, rectificando el rumbo de la Historia hacia la paz de Cristo. Pero todo aquél que se haya adentrado por los caminos interiores de la vida cristiana seguramente podrá contar experiencias muy claras, aunque no sean racional o empíricamente demostrables, de la intervención de la Virgen en momentos trascendentales de su vida. Esa acción benefactora, sin embargo, no se limita a espacios puntuales, sino a todo el curso de nuestra existencia.

«Con su amor de Madre cuida de los hermanos de su Hijo que todavía peregrinan y viven entre angustias y peligros hasta que lleguen a la patria feliz. Por eso la Santísima Virgen es invocada en la Iglesia con los títulos de 'Abogada, Auxiliadora, Socorro, Mediadora' [30]. Estos apelativos, sugeridos por la fe del pueblo cristiano, ayudan a comprender mejor la naturaleza de la intervención de la Madre del Señor en la vida de la Iglesia y de cada uno de los fieles.»

El título de «**Abogada**» se remonta a San Ireneo. Tratando de la desobediencia de Eva y de la obediencia de

---

[28] *Aud. Gen. 2 de mayo de 1979.*
[29] Juan Pablo II, *Aud. Gen. 2 de mayo de 1979.* • [30] *Lumen gentium*, 62.

María, afirma que en el momento de la Anunciación «La Virgen María se convierte en Abogada» de Eva [31]. Con su «sí» defendió y liberó a la progenitora de las consecuencias de su desobediencia, convirtiéndose en causa de salvación para ella y para todo el género humano. María ejerce su papel de «Abogada» cooperando tanto con el Espíritu Paráclito como con Aquel que en la cruz intercedía por sus perseguidores (cf. Lc 23, 34) y al que Juan llama nuestro «abogado ante el Padre» (cf. 1 Jn 2, 1). Como madre, ella defiende a sus hijos y los protege de los daños causados por sus mismas culpas. Los cristianos invocan a María como «Auxiliadora», reconociendo su amor materno, que ve las necesidades de sus hijos y está dispuesta a intervenir en su ayuda, sobre todo cuando está en juego la salvación eterna.

La convicción de que María está cerca de cuantos sufren o se hallan en situaciones de peligro grave, ha llevado a los fieles a invocarla como «**Socorro**». La misma confiada certeza se expresa en la más antigua oración mariana con las palabras: «Bajo tu amparo nos acogemos, santa Madre de Dios; no deseches las súplicas que te dirigimos en nuestras necesidades, antes bien, líbranos siempre de todo peligro, oh Virgen gloriosa y bendita» [32]. Como mediadora maternal, María presenta a Cristo nuestros deseos, nuestras súplicas, y nos transmite los dones divinos, intercediendo continuamente en nuestro favor» [33].

---

[31] *Adv. haer.* V, 19, 1; PG VII, 1.175-1.176. • [32] *Breviario romano.*
[33] Juan Pablo II, *Aud. gen.* 24-IX- 1997, 4 y 5.

Juan Pablo II ha glosado bellamente el misterio de la realeza de María y su modo de gobernar: «María se ha autodefinido "esclava del Señor" (Lc 1, 38). Por su obediencia a la palabra de Dios ella ha acogido su vocación privilegiada, nada fácil, de esposa y de madre en la familia de Nazaret. Poniéndose al servicio de Dios, ha estado también al servicio de los hombres: un *servicio de amor*. Precisamente este servicio le ha permitido realizar en su vida la experiencia de un misterioso, pero auténtico "reinar". No es casualidad que se la invoque como "Reina del cielo y de la tierra". Con este título la invoca toda la comunidad de los creyentes, la invocan como "Reina" muchos pueblos y naciones. ¡Su reinar es servir. Su servir es reinar!

De este modo debería entenderse la autoridad, tanto en la familia como en la sociedad y en la Iglesia. El "reinar" es la revelación de la vocación fundamental del ser humano, creado a "imagen" de Aquél que es el Señor del cielo y de la tierra, llamado a ser en Cristo su hijo adoptivo. El hombre es la única criatura sobre la tierra que "Dios ha amado por sí misma", como enseña el Concilio Vaticano II, el cual añade significativamente que el hombre "no puede encontrarse plenamente a sí mismo sino en la entrega sincera de sí mismo" [34].

En esto consiste el "reinar" materno de María. Siendo, con todo su ser, un don para el Hijo, *es un don también para los hijos e hijas de todo el género humano,* suscitando

---

[34] *Gaudium et spes,* 24.

profunda confianza en quien se dirige a ella para ser guiado por los difíciles caminos de la vida al propio y definitivo destino trascendente. A esta *meta final* llega cada uno a través de las etapas de la propia vocación, una meta que orienta el compromiso en el tiempo tanto del hombre como de la mujer» [35].

Recordemos finalmente, con Juan Pablo II, que «La misión maternal de María para con los hombres de ninguna manera disminuye o hace sombra a la única mediación de Cristo, sino que manifiesta su eficacia. En efecto, todo el influjo de la Santísima Virgen en la salvación de los hombres [...] brota de la sobreabundancia de los méritos de Cristo, se apoya en su mediación, depende totalmente de ella y de ella saca toda su eficacia» [36]. "Ninguna creatura puede ser puesta nunca en el mismo orden con el Verbo encarnado Redentor. Pero, así como en el sacerdocio de Cristo participan de diversa manera tanto los ministros como el pueblo creyente, y así como la única bondad de Dios se difunde realmente en las criaturas de distintas maneras, así también la única mediación del Redentor no excluye, sino que suscita en las criaturas una colaboración diversa que participa de la única fuente" [37]» [38].

«¡Qué lección tan extraordinaria cada una de las enseñanzas del Nuevo Testamento!, escribe San Josemaría, —Después de que el Maestro, mientras asciende a la diestra de Dios Padre, les ha dicho: "id y predicad a todas las gentes", se han quedado los discípulos con paz. Pero aún tienen du-

---

[35] Juan Pablo II, *Carta a las mujeres del mundo entero, 29* de junio *1995,* núm. 10.
[36] LG 60. • [37] LG 62. • [38] CIC, n. 970.

das: no saben qué hacer, y se reúnen con María, Reina de los Apóstoles, para convertirse en celosos pregoneros de la Verdad que salvará al mundo»[39]. ¡Es tan necesario ahora y siempre!: «Santa María es —así la invoca la Iglesia— la Reina de la paz. Por eso, cuando se alborota tu alma, el ambiente familiar o el profesional, la convivencia en la sociedad o entre los pueblos, no ceses de aclamarla con ese título: "Regina pacis, ora pro nobis!" —Reina de la paz, ¡ruega por nosotros! ¿Has probado, al menos, cuando pierdes la tranquilidad?...— Te sorprenderás de su inmediata eficacia»[40].

«María —ahora son palabras del cardenal Ratzinger— no está, ni simplemente en el pasado, ni sólo en lo alto del cielo, asentada en el ámbito reservado a Dios; está y sigue presente y activa en el actual momento histórico; es aquí y ahora una persona que actúa. Su vida no está solo detrás de nosotros, ni simplemente sobre nosotros, nos precede. Nos explica nuestro momento histórico, no mediante teorías, sino actuando, mostrándonos el camino a seguir. En este trenzado de acciones es verdad que también se hace visible entonces quién es ella, quienes *somos* nosotros, pero solo debido a que nos metemos en el sentido dinámico de su figura»[41].

Es lógico, por tanto, que *Fulgens corona* exhorte a todos a acercarse con gran confianza a la Reina del Cielo, para pedirle socorro en las adversidades, luz en las tinieblas, alivio en los dolores y penas. Pero hemos de profundizar todavía bastante más en el aspecto maternal de su cooperación en la redención y santificación de los hombres. Lo haremos en la próxima parte de esta *Iniciación* a la Mariología.

---

[39] *Surco* 232. • [40] *Surco* 874.
[41] Joseph Ratzinger, *María, Iglesia naciente*, o.c., p. 34

Capítulo VI

COOPERACIÓN DE MARÍA
EN LA SANTIFICACIÓN DEL HOMBRE

Finalidad de la Encarnación (*Propter nostram salutem*)

Hemos de prestar ahora particular atención a un hecho que nos importa sobremanera. Todo el magnífico retablo de maravillas que Dios ha puesto en el «ser» de María —*Inmaculada, Virgen, Madre de Dios, Asunta y Reina...*— tiene una finalidad que no termina en Ella, sino en nosotros, sus hijos. No decimos en el Hijo, sino en los hijos, porque si el mismo Verbo se hace hombre *propter nostram salutem* (por nuestra salvación y santificación), María es concebida en la mente de Dios —y como consecuencia en el seno de su madre—, con vistas a *nuestra* salvación. María ha sido creada para recuperar el designio creador original sobre la Humanidad y llevarlo a su plenitud mediante la redención y elevación del hombre a la vida intratrinitaria.

En este capítulo vamos a estudiar más directamente, aunque nos haya salido al paso en los anteriores, el lugar que le ha sido otorgado a María en la obra de la redención y santificación del hombre. Tan relevante es, que bien se ha llamado a María, *Corredentora*, en un sentido muy literal y estricto. Como es lógico, dentro de la economía de la Redención, la *corredención* implica santificación. Si María corredime con Cristo Redentor, María santifica con Cristo santificador. La cuestión esencial es: ¿María, propiamente, es *causa* de redención y santificación en el Cuerpo Místico?

Trataremos de ver que, en efecto, quiso Dios (en su libre y eterno designio) asociar a la obra de su Hijo, una Mujer, María, al extremo de que también Ella fuera en verdad *causa* de la salvación del género humano. Quizá tal aserto pueda parecer a primera vista una disparatada hipérbole. Sin embargo, es una verdad cierta, en perfecta armonía con todos los demás misterios salvíficos y contenida tanto en la enseñanza de los Padres como en el Magisterio ordinario y universal de la Iglesia. Para comprenderlo, nos conviene considerar a grandes trazos el designio divino sobre la Humanidad antes y después de la caída original. No será un rodeo en vano.

El pecado original y la unidad del género humano

Sucede con frecuencia que nos preguntamos: ¿cómo es posible que el pecado de Adán y Eva se transmita por generación a todos sus descendientes, por alejados que se encuentren de aquella lamentable caída? ¿Qué tengo que ver yo con ellos para sufrir lo que personalmente sólo incumbe a la primera pareja humana?

Planteada así la cuestión tiene muy difícil respuesta, por no decir imposible. Se trata no de cuestionarse *el hecho*, que está ahí, que lo vivimos todos los días y se contiene en la divina revelación. Menos aún cabe a un hijo de Dios pedir cuentas a un Padre que ha entregado la vida de su Unigénito por nuestra salvación eterna. Lo pertinente es indagar *en el hecho y en sus consecuencias perceptibles*, para ver si hallamos en ellos una respuesta satisfactoria, por misteriosa que resulte. Lejos de negar, nos confirmará en las verdades incuestionables. No hemos de temer al misterio, que, cuando es verdad, es siempre luz que permite ver más de lo que esperábamos.

Si yo me encuentro con el pecado original en mi sangre y en mi espíritu, ha de haber una razón suficiente, he de hallar su principio en el Principio Absoluto, universal, es decir, el Amor de Dios. Y ahí, en efecto, se encuentra la respuesta.

Dios creó al hombre a su imagen y semejanza. Dios, Uno por naturaleza es Trino en Personas: unidad y pluralidad, unidad y diversidad. Dios, enseña Juan Pablo II, «es Familia», porque en Él hay Paternidad, Filiación y la esencia de la familia que es el Amor. Por eso crea al hombre «varón y varona», para que formen una familia, un «unum» a imagen de Dios-Familia. El inconmensurable número de miembros de la gran familia humana no había de ser obstáculo, al contrario, para la unidad, como la diversidad no es obstáculo para la Unidad del único Dios verdadero.

Cada persona humana (inmultiplicable, irrepetible) posee —a diferencia de lo que acontece en la Trinidad— una naturaleza *numéricamente* distinta a la que poseen las demás, pero en todos la naturaleza es *esencialmente* la misma. La persona es siempre una nueva creación. La naturaleza se multiplica por generación. La procreación humana da lugar a nuevas personas que comparten la misma naturaleza. Aunque todos tenemos una naturaleza numéricamente distinta, tenemos la misma naturaleza de Adán y Eva, creados ellos para ser «dos en una sola carne»: una unidad de dos, con una misma esencia; llamados a un mismo fin. Ellos debían «crecer y multiplicarse», ser los padres de una familia numerosísima, que llenara primero la tierra y después el Cielo. Una pluralidad de personas formando una estrecha y vital unidad. La magnitud del número no sería obstáculo para ser verdaderamente una familia, a imagen de la *Familia* que es Dios. La unión de los miembros de la familia humana había de ser el reflejo de la unión de las Personas divinas (en Dios, cada una «es» enteramente «en» las otras).

Según el plan divino original, a la unidad biológica, afectiva, espiritual, entre los miembros de la Humanidad, se añadiría la unidad en la participación común en la vida sobrenatural de la Gracia santificante (participación en la vida de Dios). Sería la «*común unión*»; en una palabra, la «*comunión*», en una misma vida humana y en la vida de las tres Personas divinas. Ese era el gran designio divino que afirmaba, como sólo Él puede hacerlo, la unidad en la diversidad de la familia humana.

El pecado desbarata ese designio. Adán y Eva quiebran en ellos el amor de Dios, el vínculo de la unidad. Y como nadie puede dar lo que no tiene, se transmite la vida humana privada de los dones sobrenaturales y preternaturales que poseía al principio y, en cambio, carga con la fractura, causada por el pecado, entre Dios y el hombre y de los hombres entre sí. La familia humana ha perdido cohesión y pronto hará acto de presencia el crimen (Caín). La naturaleza humana se multiplicará sin la vida sobrenatural de la gracia que Dios le había otorgado al principio, con la debilidad de una criatura violentamente autoalejada del Creador.

Sin embargo, persiste algo que en Teología se llama *solidaridad* y es mucho más que un sentimiento, un deseo, un querer o una actividad. Es una «común unión», una comunión vital. Hay una corriente vital, de vida, imperceptible a los sentidos, misteriosa, pero real, que recorre nuestra gran familia desde el principio al fin. La suerte de un miembro de la humanidad está en conexión vital con todos los demás. Por desgracia, el pecado nos ha hecho participar a todos en el mal. Nacemos en una «común unión» en el mal causado por nuestros primeros padres. Pero *o félix culpa!*, canta la Iglesia: ¡oh, qué gran suerte, qué maravilloso ha sido encontrarnos involucrados en la culpa original, porque, por mala e indeseable que sea aquella, da ocasión al Amor de Dios de manifestar su inmensidad. El pecado original «nos ha merecido» —tan inmensa es la Misericordia— un Redentor que es ¡el mismo Verbo de Dios, la Segunda Persona divina, que se ha hecho hombre en las entrañas purísimas de María!

Pero Dios sigue suspirando por lo que Cristo Jesús, próximo ya a consumar la Redención, pedirá al Padre: «que todos sean uno, como Tú, Padre, estás en mí y yo en Ti»[1]. Y he aquí una maravilla que vale la pena ponderar sin descanso: «El Hijo de Dios mediante su encarnación se ha unido en cierto modo con todo hombre». Y, como ha señalado Juan Pablo II, «no se trata del hombre "abstracto", sino del hombre real, del hombre "concreto", "histórico". Se trata de "cada" hombre... en su única e irrepetible realidad humana (...). El hombre tal como ha sido "querido" por Dios, tal como Él

---

[1] Cfr. Jn 17, 11 y 21.

lo ha "elegido" y eternamente llamado, destinado a la gracia y a la gloria, tal es precisamente "cada" hombre, el hombre "más concreto", el "más real"; éste es el hombre, en toda la plenitud del misterio, del que se ha hecho partícipe en Jesucristo, misterio del cual se hace partícipe cada uno de los cuatro mil millones de hombres vivientes en nuestro planeta, desde el momento en que es concebido en el seno de la Madre» [2].

Estas palabras de Juan Pablo II están llenas de una luz que nos permite ver con claridad, en lo que cabe, el maravilloso misterio del Cuerpo Místico de Cristo y, por medio de él, el de nuestra unión con Cristo y María. El Cuerpo Místico (con mayúsculas) de Cristo es, en realidad, una sanación y elevación del cuerpo místico (con minúsculas) que ha sido desde el principio la Humanidad.

Hay un momento en que Cristo Jesús nos revela aquel fin final que persigue Dios con la creación del hombre y su redención: «*ut omnes unum sint*», que todos sean uno («*unum*»); pero no de cualquier manera, sino «*sicut tu Pater in me et ego in te*»:

> «Padre santo, cuida en tu nombre a los que me has dado, para que sean uno como nosotros (...). Yo les he dado la gloria que tú me diste, para que sean uno como nosotros somos uno: yo en ellos y tú en mí, para que sean perfectamente uno («*unum*»), y el mundo conozca que tú me has enviado y que los has amado a ellos como me has amado a mí» [3].

Palabras de grandeza y hondura incomparables. Dios quiere introducirnos en la vida íntima de la Trinidad de un

---

[2] Juan Pablo II, RH, 13. • [3] Jn 17, 11-23.

modo tal que el Verbo puede decir, a lo humano: *como* el Padre está en el Hijo y el Hijo está en el Padre, que tan *«unum»* son, que son «una sola cosa», una sola naturaleza, numéricamente una.

¿Cómo es posible tan impresionante misterio? El pecado nos ensombrece el entendimiento. La humanidad somos desde el principio «unum». Adán y Eva son en verdad nuestros *primeros padres.* Y formamos con ellos un «unum», que explica que su pecado (el pecado *original originante*) sea *personalmente* suyo, pero *naturalmente* nuestro. El *pecado original originado,* no es personal nuestro, pero es de nuestra familia. Es una carencia de santidad y un deterioro de la naturaleza que nos afecta íntimamente, porque somos de la misma carne y sangre que Adán y Eva.

El pecado original originado (lo que se nos transmite del pecado original originante) no se explica a partir de la pregunta: ¿cómo se comprende que yo tenga que cargar con una culpa que sólo concierne a los lejanísimos Adán y Eva? Es una cuestión metodológicamente mal planteada. Lo pertinente es: ¿cómo es posible *el hecho* de que me afecte tan profundamente el pecado de Adán y Eva? Y se explica bastante bien concluyendo que yo soy «unum» con ellos, que a su vez eran «unum» entre ellos (dos en uno, *duo in carne una).* Solidaridad vital entre los que tienen en las venas la misma sangre. Y como, en nuestro caso, la «sangre», los «huesos», nuestro cuerpo entero es «personal» (de personas con alma espiritual) hay también una solidaridad espiritual entre todos los miembros de la humanidad. Por eso, de una forma misteriosa, pero estrictamente «natural», somos «unum» en Adán y Eva (que eran «unum» entre sí).

El pecado deteriora el «unum» humano original. La ilusión divina, queda frustrada. Pero Dios no quiere perder la familia que ha creado a su imagen. Envía a su Unigénito al mundo, que se haga uno de los nuestros —*Emmanuel*, Dios con nosotros— y con la fuerza infinitamente unitiva del Amor divino infunda en el «unum» humano savia nueva, capaz de restaurar el «unum» perdido y elevarlo e introducirlo en el «Unum» divino trinitario. Es una maravilla tan impresionante como cierta. Tanto, que San Agustín, con su poderosa inteligencia ilustrada por la Fe, alcanza a comprender una síntesis formidable: *sólo hay dos hombres: Adán y Cristo.*

Gracias a esa solidaridad, se ha llevado a efecto entre Cristo y la humanidad el *admirabile commercium* (maravilloso intercambio), por el cual Cristo carga sobre sí con todo el cúmulo de pecados de los hombres, satisfaciendo con sobreabundancia por ellos ante el Padre. Ahora, los hombres podemos ser interiormente renovados por la gracia de Dios y ser «constituidos justos» [4], cuando se nos aplican los méritos de la vida, pasión y muerte del Señor. Por la solidaridad de toda la humanidad con Adán «entró el pecado en el mundo y por el pecado la muerte... incluso sobre aquellos que no pecaron con una transgresión semejante a la de Adán» [5]. De modo similar y con mayor fuerza, por la solidaridad con Cristo, el «nuevo Adán», podrán los hombres «recibir en abundancia la gracia y el don de la justicia» [6]. Gracias a la solidaridad natural que cohesiona al género humano, Cristo se erige en *Cabeza de la humani-*

---

[4] Rom 5, 19. • [5] Rom 5, 12 - 14. • [6] Rom 5, 17.

dad renovada, revitalizada, llamada con más fuerza que nunca a la santidad original, más aún, a la superación de la original filiación divina, porque ahora se nos ha dado el poder de llamarnos —y ser de veras— *hijos en el Hijo*[7], formamos con Cristo y en Él *un mismo* Hijo del Padre[8].

Sólo así somos capaces de entender el pecado original originado y la redención operada por Cristo; sólo así podemos meternos a fondo en el misterio de María, nueva Eva. Por eso hemos dado un aparente rodeo.

María, Nueva Eva, Madre de los vivientes

Adán es «nadie» sin Eva y viceversa (porque no es concebible una persona sola, sea humana, angélica, o divina). La familia humana tiene un padre y una madre, y ambos son miembros absolutamente necesarios para que haya un «unum» verdaderamente humano, imagen de la Trinidad. Para restaurar y elevar el «unum» humano hasta la intimidad de la Trinidad de Dios Uno, bastaba un hombre-Dios, el Verbo encarnado. Pero aunque no sea menester, ni quepa, estrictamente hablando, simetría alguna, la redención y santificación del hombre no hubiera sucedido de la manera mejor posible —adecuada al modo de ser humano— si el Redentor hubiese sido un «varón solitario». Jesucristo es el Redentor, el Nuevo Adán —así le llama ya San Pablo—, el Dios humanado, el hombre-Dios, la Vida

---

[7] Juan Pablo II, *Discurso*, 31-VIII-1983, n.1 (Cfr. F. Ocáriz, *María y la Trinidad*, o.c.).

[8] Fernando Ocáriz, *María y la Trinidad*, o.c., 2, a.

necesaria al «unum» humano para zarpar de nuevo hacia su destino bienaventurado.

Pero, aunque podía, no convenía, no era adecuado, digámoslo de una vez, no hubiera sido «perfectísimo», y por ello no quiso la Trinidad que el Redentor redimiese solo, que el Santificador santificase solo, que el Verbo divinizase solo. Es más, lejos del temor luterano (a que la acción de la criatura ensombrezca, oculte o acaso anule la acción divina), la Trinidad decide, congruentemente con la obra de la creación, realizar la redención con la cooperación de cada hombre concreto. Bien lo comprendió San Pablo cuando escribió a los Colosenses que se gozaba en sus padecimientos *(in passionibus)* por ellos, ya que así cumplía en su carne lo que falta *(ea quae desunt)* a los padecimientos de Cristo, por su Cuerpo que es la Iglesia [9]. Cristo cuenta con Pablo para la salvación del mundo y la vida de la Iglesia. Pablo, como todo *fiel* cristiano, en cierto sentido «complementa» a Cristo en la obra de la salvación. Pablo sin Cristo no sería nadie, nada. Pero con El, es «unum» con el Redentor: no multiplica al Redentor, no lo divide, sino que por designio de Amor, lo «complementa» y así «corredime» con Cristo. Lejos de ensombrecer o minimizar la obra de Cristo la manifiesta plena de magnanimidad, de sobreabundante misericordia. Dios se asocia un pecador, para liberarle de su pecado y abrirle a él y a otros muchos las puertas del Cielo.

Pues bien, si Pablo es «unum» con Cristo, llamado a ser «unum» a semejanza del «Unum» trinitario, ¿cómo será el

---

[9] Cfr. Col 1, 24. Cfr. Juan Pablo II, Carta Apost. *Salvifici doloris* (11-II-1984), n. 27. Vd. Nota in l. de la Sagrada Biblia, t. VIII. San Pablo: *Epístolas de la cautividad*, EUNSA, Pamplona 1986, pp. 250-252.

«unum» que forman Cristo y su Madre? ¿Qué densidad tendrá ese «unum»? Hemos de pensar en una unidad *esencialmente* superior a la de cualquier otra criatura con Cristo.

Ante la respuesta de Jesús a María en Caná: «¿Qué tengo yo contigo, mujer? Todavía no ha llegado mi hora» (Jn 2, 4), Benedicto XVI reconoce: «Quisiéramos objetar: ¡tienes mucho con ella! Fue ella quien te dio la carne y la sangre, tu cuerpo; y no sólo tu cuerpo: con su "sí", pronunciado desde lo más hondo de su corazón, ella te engendró en su vientre; con amor maternal te dio la vida y te introdujo en la comunidad del pueblo de Israel.» Y añade el Papa: «Si así le hablamos a Jesús, ya vamos por buen camino para entender su respuesta. Porque todo esto debe hacernos recordar que en el contexto de la encarnación de Jesús hay dos diálogos que van juntos y se funden, se hacen uno. Está ante todo el diálogo de María con el arcángel Gabriel, en el que ella dice: "Hágase en mí según tu palabra" (Lc 1, 38). Pero existe un texto paralelo a este, podríamos decir un diálogo dentro de Dios, que se encuentra recogido en la *carta a los Hebreos,* cuando dice que las palabras del salmo 40, son como un diálogo entre el Padre y el Hijo, un diálogo con el que se inicia la Encarnación. El Hijo eterno dice al Padre: "Sacrificio y oblación no quisiste; pero me has formado un cuerpo. (...) He aquí que vengo (...) para hacer, oh Dios, tu voluntad" (Hb 10, 5-7; cf. Sal 40, 6-8). El "sí" del Hijo —"He aquí que vengo para hacer tu voluntad"— y el "sí" de María —"Hágase en mí según tu palabra"— se convierten en un único "sí". De esta manera el Verbo se hace carne en María. En este doble "sí" la obediencia del Hijo se hace cuerpo, María con su "sí" le da el cuerpo. ";Qué tengo yo contigo, mujer?". La relación más profunda que tienen Jesús y María es este doble "sí", gracias a cuya coincidencia se realizó la encarnación. Con su respuesta nuestro Señor alude a este punto de su profundísima unidad. A él remite a su Madre. Ahí, en este común "sí" a la voluntad del Padre, se encuentra la solución. También nosotros debemos aprender a encaminarnos hacia este punto; ahí encontraremos la respuesta a nuestras preguntas» [10].

Con la misma hondura teológica y su eficaz retórica coloquial, Benedicto XVI, invita a la oración meditativa en la misma *Homilía* de Altötting, diciendo: «Para comenzar, no nos gusta la palabra con que se dirige a ella: "Mujer". ¿Por qué no le dice "Madre"? En realidad, este título expresa el lugar que ocupa María en la historia de la salvación. Remite al futuro, a la hora de la crucifixión, cuando Jesús le dirá: "Mujer, ahí tienes a tu hijo", "Hijo, ahí tienes a tu madre" (cf. Jn 19, 26-27). Por tanto, indica anticipadamente la hora en que él convertirá a la mujer, a su Madre, en Madre de todos sus discípulos. Por otra parte, ese título evoca el relato de la creación de Eva: Adán, en medio de la creación, con toda su magnificencia, como ser humano se siente solo. Entonces Dios crea a Eva, y en ella Adán encuentra la compañera que buscaba y le da el nombre de "mujer". Así, en el *evangelio según San Juan,* María representa la mujer nueva, la mujer definitiva, la compañera del Redentor, nuestra Madre: ese título, en apariencia poco afectuoso, expresa realmente la grandeza de su misión perenne» [11].

---

[10] Benedicto XVI, *Homilía*, Plaza del santuario mariano de Altötting, 11-IX-2006.
[11] *Ibidem.*

Corredentora con Cristo [12]

Podemos hablar propiamente, pues, de la *corredención* de la Virgen de Nazaret [13]. La identificación con su Hijo abarca desde el principio todo el plan de salvación. Y fue *iuxta crucem Iesu,* junto a la Cruz de Jesús, donde con particular intensidad ejerció su misión corredentora. Allí, no sin designio divino, se mantuvo erguida [14], sin protesta, con un dolor como no puede haber otro, «sufriendo profundamente con su Unigénito y asociándose con entrañas de Madre a su sacrificio, consintiendo amorosamente en la inmolación de la víctima que ella misma había engendrado» [15]. «Una fue la voluntad de Cristo y de María; ambos ofrecían a Dios un mismo holocausto: María con sangre en el corazón; Cristo, con sangre en la carne» [16]. Sufre más que si padeciera mil muertes; muchísimo más que si fuera Ella la que estuviera enclavada. Se asocia de manera plena al sacrificio redentor del Hijo mediante «el sacrificio de su corazón de madre» [17]. Estaba, afirma León XIII, «muriendo con Él en su corazón, atravesada por la espada del dolor» [18]. Ella padece con Cristo: «con-padece» en la

---

[12] Cfr. Santo Oficio, 26 de junio de 1913.

[13] El padre dominico Georges Cottier, teólogo de la Casa Pontificia, comúnmente conocido entonces como el «teólogo del Papa», afrontó una controversia sobre esta denominación —«corredentora»— en una videoconferencia mundial organizada por la Congregación para el Clero http://www.clerus.org afirmando rotundamente la legitimidad teológica de ese título. Nosotros lo razonaremos en la extensión que nos permite este pequeño volumen.

[14] Cfr. Jn 19, 25. • [15] LG, n. 58.

[16] Arnaldo de Chartres (s. XII), PL. 189, 1726.

[17] DM, 9; Cfr. DV, 16; RM, nn. 38 y 39.

[18] León XIII, Enc. *Iucunda semper.*

plena identificación mística. «¿Qué podía hacer Ella? Fundirse con el amor redentor de su Hijo, ofrecer al Padre el dolor inmenso —como una espada afilada— que traspasaba su Corazón puro»[19].

¿Por qué aceptó sin protesta aquella tortura? «Movida por un inmenso amor a nosotros, ofreció Ella misma a su Hijo a la divina justicia para recibirnos como hijos»[20]. Por nosotros muere Jesús y por nosotros sufre María. Ella que engendró a Dios y le dio a luz gozosamente, sufrió un parto dolorosísimo para convertirse en Madre nuestra, para colaborar con su Hijo en hacernos hijos de Dios y para hacernos también —por designio divino— hijos suyos. La contemplación de esta verdad conmueve a un corazón humano por duro que esté.

La Virgen une a la Pasión de Cristo su *Compasión:* a la Sangre de su Hijo, une sus lágrimas de Madre. Ella también «sacrifica, merece, redime»[21]. Satisface, de un modo subordinado y dependiente, la pena merecida por los pecados de todos los hombres que han sido, son y serán; y merece por su sacrificio las gracias de la Redención. Aunque el mérito de María sea diverso al mérito del Señor, Ella nos ha merecido *lo mismo* que nos ha merecido Cristo: no sólo la aplicación o distribución de las gracias, sino las mismas gracias, por la supereminente santidad que poseía y por la tan perfecta *com-pasión* sufrida en la cumbre del Calvario. A su modo, mereció todas las gracias, excepto la primera que recibió, merecida sólo por Cristo. «Lo inmenso de su

---

[19] Cfr. San Josemaría Escrivá, *Amigos de Dios*, nn. 287, 288.
[20] León XIII, Enc. *Iucunda semper.*
[21] G. M.ª Roschini *La Madre de Dios*, t. I, Madrid 1958, P. 546.

caridad, la dignidad de sus actos satisfactorios, la magnitud de su dolor, nos revela toda la excelencia de su satisfacción. A quien nos objetase que a una satisfacción por sí misma suficiente, más aún, de infinito valor —como es la de Cristo—, no se puede añadir otra satisfacción, responderemos que la satisfacción de María no se añade a la de Cristo para aumentar el valor infinito de ésta, sino para que se cumpla la ordenación divina, que lo ha dispuesto así libremente para la Redención del género humano»[22], es decir, por las mismas razones por las que *convenía* la existencia de «la Mujer», Nueva Eva, *partícipe* de la capitalidad de la Humanidad redimida por Cristo.

Nos parecen acertadas, las palabras de Hurth: «El Señor Jesús, hizo que su Madre, que estaba de pie junto a la Cruz, tomara parte en el acto mismo de su sacrificio; incluyó la voluntad de Ella dentro de la suya propia, y así hizo que su Madre, dentro de la voluntad de Él, tomara parte en la obra de la Redención. Fue el Hijo, no la Madre, quien realizó esta obra, pero incluyendo dentro de su propia voluntad la voluntad de su Madre»[23].

«Las palabras "Ahí tienes a tu madre" y "Mujer, ahí tienes a tu hijo" —dice J. Ratzinger comentando *Redemptoris Mater*— han fecundado desde siempre la reflexión de los intérpretes sobre el cometido especial de María en la Iglesia y para la Iglesia; con razón son el centro de toda meditación mariológica. El Santo Padre [Juan Pablo II] las entiende como el testamento de Cristo pronunciado desde la

---

[22] G. M.ª Roschini. o. c. p. 555.
[23] F. Hurth, *De cooperatione qualificata in delictis officialibus*. Per Re Mor Can Lit 3 3 (1949) 339.

cruz. Allí, en el interior del misterio pascual, María es entregada al ser humano como madre. Aparece una nueva maternidad de María que es fruto del nuevo amor madurado a los pies de la cruz (n.º 23). Queda así visible la «dimensión mariana en la vida de los discípulos de Cristo... no sólo de Juan... sino de todo discípulo de Cristo, de todo cristiano». "La maternidad de María, que se convierte en la herencia del hombre, es un regalo que Cristo hace personalmente a cada ser humano" (n.º 45). El Santo Padre da aquí una explicación muy sutil de la palabra con la que el evangelio cierra la escena: "Y desde aquella hora el discípulo la acogió en su casa" (Jn 19,27). Ésta es la traducción a la que estamos habituados; pero la profundidad del acontecimiento sólo se pone de manifiesto cuando traducimos de forma totalmente literal. Entonces el texto dice: *él la acogió dentro de lo suyo*. Para el Santo Padre, esto significa una relación absolutamente personal entre el discípulo —todo discípulo— y María, un dejar entrar a María hasta lo más íntimo de la propia vida intelectual y espiritual, un entregarse a su existencia femenina y materna, un confiarse recíproco que se convierte continuamente en camino para el nacimiento de Cristo, que realiza en el hombre la configuración con Cristo (n.º 46)». [24]

«Corredentora» sobre los «corredentores» con Cristo

Más que San Pablo y que todos los santos, de manera esencialmente superior, hemos dicho, María «complementa» en su carne y más aún en su alma lo que, por pro-

---

[24] Joseph Ratzinger, *María, Iglesia naciente*, pp. 42-43.

videncia divina, faltaba (*ea quae desunt*) a la Pasión de Cristo. El valor redentor de lo que Ella aporta es enorme, porque María no es simplemente una persona entre muchas. Es la Madre inmaculada del Hijo de Dios y por su singular corredención es Madre espiritual de cada hombre redimido y Madre de la Iglesia. Por eso, la cooperación mediadora de María, su corredención, «tiene un carácter específicamente maternal. Y la llevará a cabo lo mismo en la línea *ascendente* (cooperación maternal *corredentora)* que en la línea *descendente* (cooperación maternal de *intercesora* ante Dios y de *distribuidora de* todas las gracias)» [25].

Advirtamos: no sólo intercesora. El lugar de María en la obra de la salvación no es de simple acompañamiento, ni de mera intercesión ante el Hijo por los hijos, aunque sea éste el aspecto que muchos tratados subrayan y sitúan sobre los demás. No es justo reducir la actividad de María a la intercesión, aunque se afirme con indiscutible acierto que es la *Omnipotencia suplicante.* La Virgen interviene en la obra de Cristo —sin el cual Ella sería nada— de un modo *intimísimo,* a lo largo y a lo ancho de toda la obra salvífica; y de un modo tan íntimo y mucho más, aunque de manera opuesta, que como intervino Eva en la consumación del pecado original. Si Eva estuvo inmersa del todo en el primer pecado, María estuvo inmersa del todo en Cristo y bajo El desde el primer instante de su Concepción Inmaculada.

Cuando Dios dijo proféticamente a la serpiente (el Maligno): «Yo pondré enemistad entre ti y la mujer, entre tu

---

[25] Cfr. Jesús Polo, *María, Sagrario viviente del Espíritu Santo,* Scripta Theologica 19 (1987/3) 683 - 727, 1; Cfr. LG n. 51.

descendencia y la suya, que te aplastará la cabeza» [26], está situando junto al futuro Vencedor de Satanás a la Mujer, y esta Mujer, en concreto, es María. Dios, hemos dicho, pensó en la eternidad a María como «unum» con Cristo Cabeza de la Humanidad redimida. Satanás se sirvió de la mujer para arrastrar a Adán y a sus hijos al abismo del pecado y de la perdición. Dios se servirá de una mujer —«La Mujer»— para realizar las maravillas de la Encarnación y de la Redención por medio de Cristo, Verbo encarnado en el seno de María. *Así*, dice Pietro Parente, *Dios da la vuelta a la trama de Satanás con sublime ironía.*

Corredentora universal

El *consorcio* de María con Cristo es pleno y explícito desde el *fiat*. Entendida en toda su amplitud, la Maternidad divina impone y justifica de raíz el principio de una *participación* —íntima, intensa, omniabarcante— de María en la entera vida y misión del Verbo encarnado. De suyo, esta asociación inserta a María en *toda la historia* de la redención y santificación [27]. Juan Pablo II enseña que la presencia activa —con y bajo Cristo— de la Virgen María, abarca todos los tiempos, toda la historia salvífica desde el comienzo hasta el fin, porque está en «todos los adviento de Dios». La acción y la presencia de María en la obra de la santificación recorre todo lo largo del gran río de la histo-

---

[26] Gén 3, 15.
[27] Cfr. Armando Bandera, *Redención, mujer y sacerdocio*, Palabra, Madrid 1995, p. 340.

ria humana: «en todo el recorrido hay acción y presencia Mariana (...) Abarca todo el «cauce» de la historia» pero también «todo el «ancho» del río que desemboca en la vida eterna». Por eso Juan Pablo II dice que María también está presente en la historia tanto de un modo «longitudinal» como «transversal»: «¡En su seno el Verbo se hizo carne!». Y la Encarnación es el acontecimiento clave de la historia que alcanza desde Adán al último de los mortales. María es «unum» con Cristo en todos los momentos y fases de la Redención. Si Eva está presente, en cierto modo activa, en la sangre y en los huesos de todos los mortales, María está, desde el *fiat*, mucho más activamente presente en la vida de todos *los vivientes*.

Es Dios quien lo dispuso así. No se trata, ni remotamente, de que María se anteponga a Cristo. El misterio ha de ser contemplado precisamente desde la cara inversa. Es la centralidad de Cristo la suprema razón de que María esté presente en todo lo que se refiere a nuestro trato con él. En efecto, estamos viendo que, si Cristo es *Cabeza* de la Iglesia, lo es *inseparablemente* de María como Madre.

Cristo ha venido a reconducir todas las cosas a su origen, el Padre Dios. En términos de San Pablo, ha venido a *recapitular* todo lo que, por el pecado de Adán *había perdido la cabeza* y con ella, la interconexión, la solidaridad, el orden, la belleza y, en cierto sentido, la verdad y la bondad. El universo se encontraba acéfalo, o, lo que es quizá peor, con una cabeza enajenada por el pecado, incapaz de orientar y dirigir el todo hacia su fin final en Dios Uno y Trino. Era menester «encabezar», «recapitular», «reinstaurar» el orden, la verdad, la bondad, la belleza originales y llevarlo todo a plenitud. Cuando el Verbo se hace carne, la humanidad y el universo entero vuelven a tener cabeza, nada menos que la humanidad del Verbo humanado, Cristo, perfecto Dios y perfecto hombre, que nos revela nuestro propio misterio, nuestro origen en el Amor del Padre y nuestro fin final en el mismo Amor de Dios Trino. A la vez, Dios mismo se hace *camino*: Cristo es el Camino, la Verdad y la Vida.

Cristo es la Cabeza indiscutible y única por derecho propio. En este sentido es único literalmente hablando: es el único Mediador, como afirma San Pablo y en estas páginas se reitera más de una vez. Pero ha querido tener junto a sí, estrechamente unida, asociada en su quehacer redentor y santificador, a *la Mujer*. Ella es miembro del Cuerpo (Místico) de Cristo, la Iglesia; pero no uno más, se encuentra a la vez en el Cuerpo (la Iglesia) y por encima, trascendiendo el Cuerpo (la Iglesia). Por un milagroso acontecimiento biológico «María ha llegado a ser (...) la 'madre-nodriza' del Hijo del hombre», pero por gracia ha llegado a ser «también la 'compañera singularmente generosa' del Mesías y Redentor.»[28]

Si Eva ha sido de alguna manera el principio de todo el mal de la humanidad, puede decir San Bernardo, por contraste, que María es *el principio de todo bien* (*Initium totius boni*)[29].

María es la Mujer del capítulo 12 del último libro sagrado, el *Apocalipsis* de San Juan: la antigua Serpiente —dice proféticamente—, la que seduce a toda la tierra, el Dragón, se lanzó en persecución de la Mujer y marchó a hacer la guerra contra el resto de su descendencia. Ella gritaba en

---

[28] RM 39; LG 61: ver LG 53.
[29] San Bernardo, *Serm.* CLXXXIII.

los dolores y las angustias del parto. La continuidad del mensaje es evidente. La Mujer victoriosa vestida de sol y coronada de estrellas ocupa el lugar de la primera Eva. El simbolismo se aplica también a la Iglesia y en las últimas décadas se ha desarrollado la exégesis en este sentido, pero no se ha dejado de afirmar que también esa «Mujer» es María. Sucede que entre María y la Iglesia existe una relación muy peculiar en la que ahora no nos es posible detenernos.[30]

El principio absoluto de la vida, tanto la natural como la sobrenatural, por supuesto, es la Trinidad. Pero la Trinidad otorga a la criatura, en diversos modos y medidas la capacidad de dar (no sólo tener) —en determinadas condiciones— vida natural y vida sobrenatural. En lo tocante a la vida participativa de la vida divina, lo comunica en primer término a la humanidad de Cristo —nuevo Adán, nueva Cabeza, principio de una nueva creación, de una nueva vida— y, por Él, a la que es de un modo especialmente íntimo, «unum» con Él. María es llamada *Mater et Socia Christi*. A diferencia de Eva, María es «unum» con el nuevo Adán, Cristo, no como esposa[31], sino fundamentalmente como Madre.

En suma, si Eva es «madre de los vivientes» abocados por ella misma a la muerte, María es *madre de los vivientes con vida eterna*, divina. Madre en un sentido más profundo y valioso que lo es Eva. Madre de verdadera vida sobrenatural; «madre —dirá *Lumen gentium*— en el orden de la gracia». Propio de una madre es engendrar, dar vida, trans-

---

[30] Ver: Joseph Ratzinger, *María, Iglesia naciente*, passim.
[31] Cfr. RM 39.

163

mitir vida, procrear «vivientes». Si María no hiciera esto no sería verdadera madre nuestra. Pero lo es, porque la vida de la Gracia es *vida*: es vivir en Cristo y, así, en Dios Trino. Esa vida es engendrada por María.

Podemos concluir por tanto con palabras de San Josemaría Escrivá: «...el Magisterio ordinario y universal de la Iglesia propone también, a la fe de los cristianos, la doctrina sobre otros privilegios y prerrogativas de Nuestra Señora. La aclama como Corredentora, Mediadora ante el Señor, indisolublemente unida a su Hijo, único Mediador entre Dios y la humanidad. La intervención de María, su corredención real no puede separarse de la Redención de Cristo. Mantuvo fielmente su unión con el Hijo hasta la Cruz, y allí, no sin designio divino, permaneció en pie, sufriendo profundamente con su Unigénito y asociándose con entrañas de Madre a su Sacrificio, consintiendo amorosamente a la inmolación de la Víctima que Ella misma había engendrado» [32], [33].

---

[32] San Josemaría Escrivá, VdP

[33] Si hemos llegado hasta aquí, éste sería buen momento para regresar al capítulo V, donde hemos tratado de la «realeza» o «soberanía» o «señorío» de la Santísima Virgen; se entendería más. Sin embargo, hemos optado por conservar el orden de los capítulos según las anteriores ediciones, porque de otro modo nos veríamos obligados a un trabajo de mayor envergadura. Quizá más adelante, cuando podamos tratar también ampliamente el tema «María y la Iglesia».

Capítulo VII

MARÍA, MADRE Y MEDIADORA DE LOS HIJOS DE DIOS

Hemos estudiado a la luz de las fuentes de la teología que María *participa* de la capitalidad de Cristo y con Él y bajo Él *corredime*. Es Madre que procrea al Creador, Madre de su Hijo y de todos los llamados a vivir *en Cristo*. Veamos ahora cómo María nos engendra en la vida crística y cómo ejerce su maternidad sobre los hijos de Dios.

María es Madre nuestra no en un sentido natural —esto es obvio—, pero sí en un *sentido real, sobrenatural y místico,* porque es Madre de Cristo, no sólo de la Persona de Cristo por haber engendrado su naturaleza humana, sino del *Cristo total (Cabeza y miembros).*

«En cuanto Dios-Hombre, Él adquirió un cuerpo concreto como los demás hombres. Pero en cuanto Salvador de nuestro linaje, consiguió un cierto cuerpo espiritual o, según se dice, *místico* (...) Por consiguiente, la Virgen no concibió tan sólo al Hijo eterno de Dios para que, recibiendo de Ella una naturaleza humana, se hiciese hombre; sino también para que, mediante esta naturaleza recibida de Ella, fuese el Salvador de los mortales (...) Así, pues, en el mismo seno virginal de la Madre, asumió Cristo para sí una carne y, al mismo tiempo, adquirió un cuerpo *espiritual*, el cuerpo formado por aquellos *que habían de creer en Él.* De tal forma, que puede decirse que María, cuando llevaba en su seno al Salvador, gestaba también a todos aquellos cuya vida estaba contenida en la vida del Salvador. Así pues, todos cuantos estamos unidos con Cristo y, según frase del Apóstol, somos, "miembros de su cuerpo, de su carne y de sus huesos" [1], hemos salido del seno de María a semejanza de un cuerpo unido con su cabeza. De donde, en un sentido ciertamente espiritual y místico, nosotros somos llamados hijos de María y Ella es Madre de todos nosotros. *Madre en espíritu, pero evidentemente Madre de los miembros de Cristo, que somos nosotros»* [2]. El realismo con se expresa San Pío X es impresionante e inequívoco: María es Madre en un sentido propio. María nos ha engendrado en Cristo, nos ha alumbrado en Cristo, nos nutre en Cristo.

Se trata de una inefable dignación, de misericordia y de bondad, que el Espíritu del Padre y del Hijo no sólo nos conforme al Hijo, para poder exclamar «Abbá, Padre»; sino que también nos infunda un espíritu de filiación a María, por el que podamos igualmente exclamar: «Madre, Madre»...

La *espiritualidad* de esa nueva vida no niega, al contrario, la consistencia, la intensidad, la realidad de la vida de que se habla.

---

[1] Efes 5, 30. • [2] San Pío X, *Ad diem illum*, 2-XI-1904.

Maternidad universal

La Maternidad espiritual de María tiene una dimensión universal, porque todo hombre de algún modo está unido a Cristo mediante la Encarnación. Ahora bien ¿María es madre de todos los hombres —desde los más santos a los más pecadores— de la misma manera y en el mismo grado? Para responder a esta cuestión cabe acudir a la analogía con la unión de los hombres con Cristo: «Cristo es Cabeza de los hombres, pero en diverso grado. Primera y principalmente es Cabeza de aquellos que actualmente están ya unidos con Él por la gloria; en segundo lugar, es Cabeza de los unidos a El por la gracia y la caridad; el tercer grupo de quienes Cristo es Cabeza son aquellos que tienen fe, y por ella se unen a Cristo, aunque no tienen Gracia; en cuanto término, Cristo es también Cabeza de aquellos que no están unidos a El ni por la Gracia ni por la fe, pero que están en potencia de unírsele y realmente se le unirán (...); finalmente, es Cabeza aun de aquellos que de ningún modo están unidos a Cristo, ni se le unirán (aunque podrían hacerlo) (...); y sólo éstos dejan totalmente de ser miembros de Cristo cuando mueren, porque entonces pierden para siempre hasta el poder de unirse con Cristo» [3].

Según esto, cabe decir que María es Madre de los bienaventurados del Cielo de modo «excelente»; es Madre de las personas en gracia de modo «perfecto», ya que estas poseen vida sobrenatural completa; es Madre de los cristianos en pecado mortal de modo «imperfecto», porque estos no tie-

---

[3] S. Th.. III, q. 8, a. 3.

nen vida sobrenatural completa, sino únicamente su inicio, que es la fe; es Madre de modo «potencial» o «de derecho» respecto a los no bautizados, ya que está destinada por Dios a engendrarlos en la perfecta vida sobrenatural. De los condenados que se hallen en el infierno, María no es Madre en modo alguno [4], pues ya no les cabe en absoluto la unión con Cristo.

Sin embargo, mientras nos encontremos en la tierra, siempre podremos exhibir el título que asume San Josemaría en uno de sus entrañables textos: «¡Madre mía! Las madres de la tierra miran con mayor predilección al hijo más débil, al más enfermo, al más corto, al pobre lisiado... —¡Señora!, yo sé que tú eres más Madre que todas las madres juntas... —Y, como yo soy tu hijo... Y, como yo soy débil, y enfermo... y lisiado... y feo... » [5].

Madre de la Iglesia

Existe, pues, una realidad misteriosa en María por la que puede y debe llamarse «Madre nuestra»: «es verdaderamente madre de los miembros de Cristo por haber cooperado con su amor a que naciesen en la Iglesia los fieles, que son miembros de aquella cabeza, por lo que también es saludada como miembro sobreeminente y del todo singular de la Iglesia, su prototipo y modelo destacadísimo en la fe y caridad y a quien la Iglesia Católica, enseñada por el Es-

---

[4] Cfr. Javier Ibáñez - Fernando Mendoza, *María como Madre de la Iglesia*, Palabra 233, XII-1984 (859), p. 31.
[5] San Josemaría Escrivá, *Forja*, núm. 234.

píritu Santo, honra con filial afecto de piedad como a Madre amantísima»[6]. María, por ser Madre de la Iglesia, no está «fuera de ella», sino todo lo contrario: es miembro sobreeminente y del todo singular de la Iglesia. Unida íntimamente a Dios y a la obra redentora de Cristo con una fe heroica, una esperanza firme y una ferviente caridad, es, a la vez, *prototipo y ejemplar eximio* de la Iglesia y de su acción salvífica. Todo el influjo de gracia que le viene a la Iglesia, *también a María,* procede del único principio que es Cristo. María no es creadora, sino receptora (recibe la gracia de Cristo), pero de modo singular y eminente, al extremo de poder llamarse en verdad *procreadora* de esa vida que Ella posee (recibida) en plenitud.

Madre de la divina Gracia

María vive en el Padre y toma parte en su Paternidad; y vive en el Espíritu Santo tomando parte en su Amor personal; es *unum* con el Hijo, de modo esencialmente superior al de cualquiera de los que Jesús hace «unum» con Él (según el «*ut omnes unum sint, sicut tu Pater in me et ego in te*»). Si un buen cristiano es y, sobre todo, será «unum» con Cristo Jesús, ¿qué nivel de unidad —sin merma alguna de la personalidad, al contrario— habrá alcanzado la Virgen María? Su relación con cada una de las Personas divinas parece reforzar o enriquecer su relación con las otras dos, en una suerte de espiral que a nosotros nos

---

[6] LG 53.

puede suscitar dulce vértigo. Es una como Madre, con Dios Hijo. Es Madre *en* Dios Padre; es la Enamorada por excelencia en el Amor que es el Espíritu Santo. Inmersa en la *Vida misma,* si alguna criatura puede ser *dadora de vida,* es sin duda María.

La Gracia santificante es vida, misteriosa pero verdadera participación en la vida divina, «germen» de Dios (*semen Dei*[7]). «Hemos sido engendrados de nuevo, no de un germen incorruptible (*ex semine corruptibile*), sino incorruptible, por medio de la palabra de Dios, viva y permanente»[8]. La filiación divina adoptiva, se llama «adoptiva» porque no es «natural»: no nacemos viviendo vida de Dios; pero al ser adoptados por Dios Padre, el Espíritu Santo nos infunde una vida nueva, que es verdadera vida de comunión con Dios en Cristo: «El que está en Cristo, es una nueva creación; pasó lo viejo, todo es nuevo»[9]. Y tiene las características de toda vida creada: concepción, gestación, nacimiento, desarrollo, plenitud. Comienza a vivir como una semilla (*semen*), incluso frágil, fácilmente destructible (por el pecado), y acaba siendo la vida robusta, indestructible, plena de Dios de los bienaventurados en el Cielo. Esta vida tiene su principio absoluto en la Trinidad, de modo *personal* en la Persona del Espíritu Santo. Esta vida, en virtud de la unión hipostática, llena la humanidad de Cristo Redentor, Cabeza de la nueva humanidad. Pero también inmediatamente a la que es extraordinariamente «unum» con Él, carne de su carne y hueso de sus huesos.

No es de sorprender, aunque sí de admirar, que Dios disponga que la difusión o multiplicación de la vida sobrenatural (divina por participación), dependa no sólo de Él,

---

[7] Cfr. 1 Jn 3, 9. • [8] 1 Petr 1, 23. • [9] 2 Cor 5,17.

sino del querer de la Madre del Redentor, dotada de cierta plenitud de Gracia ya en el momento de la Concepción Inmaculada, y de plenitud sin restricción alguna desde el momento de la Asunción.

¡Cuántas veces San Pablo habla de un *vivir en Cristo*! Se vive de auténtica vida. Vida con un poder de fecundidad maravilloso. Al extremo que el mismo Apóstol puede exclamar: «yo os he engendrado por el Evangelio»[10]; o «hijitos míos, por los que otra vez tengo dolores de parto»[11].

Es tanta la bondad de Dios, que parece querer darnos *todo* lo que puede de Sí mismo a cada uno de sus hijos, con la diversidad que sea menester. Nos hace partícipes de su paternidad —capaces de engendrar espiritualmente—; nos hace partícipes de la filiación de Dios Hijo; y, en fin, nos hace partícipes del Amor que es Dios Espíritu Santo. Todo cristiano está, por la Gracia, capacitado para ser padre y madre, hijo y «espíritu santo» (paráclito: abogado, defensor, consolador, amor) de los demás.

Pero esta capacidad es de orden esencialmente superior en la criatura que ha sido constituida Madre de Dios. ¿Qué no podrá la Virgen María, asunta al Cielo, que ya goza de la existencia gloriosa de la bienaventuranza eterna y, por tanto, de una unión intimísima con la tres Personas divinas? Así como Cristo Cabeza nace en la mente y en el corazón de María por obra del Espíritu Santo, antes aún que biológicamente en sus entrañas virginales, por la fe en la Palabra de Dios[12]; de un modo análogo, los miembros de

---

[10] 1 Cor 4,15. • [11] Gal 4,19.
[12] San León Magno acuñó la fórmula «prius concepit mente quam corpore» (Sermo 21, 1: ML 54, 191). Se hace eco de esta enseñanza LG 56, 57.

Cristo —los otros Cristos— nacen a la vida de Cristo también, por obra del Espíritu Santo, *del* Corazón inmaculado de María.

Ella engendra por obra del Espíritu Santo, la vida sobrenatural que es la gracia santificante, vida de Cristo que Ella posee en sobreabundante plenitud (*plena sibi, superplena nobis*). Y es también gracias a Ella que los miembros de Cristo pueden participar de la paternidad-maternidad de Dios Padre y de María Santísima: «Si nos identificamos con María —dice San Josemaría Escrivá—, si imitamos sus virtudes, podemos lograr que Cristo nazca, por la gracia, en el alma de muchos que se identificarán con El por la acción del Espíritu Santo. Si imitamos a María, de alguna manera participaremos de su maternidad espiritual»[13].

Cabe decir que la Madre de Dios, por querer y don de Dios, *procrea* en la vida de la Gracia a los hijos de Dios. María no es autora de la Gracia, pero hay un compromiso divino asumido libremente por Dios con vista a la intervención de María en la obra de la santificación, que la erige en verdadera Madre, *dadora de la vida sobrenatural, crística, creada por la Trinidad*: desde el Padre en el Hijo por el Espíritu Santo[14].

En la paternidad-maternidad natural, los padres ponen unas condiciones biológicas, proporcionadas a la formación del cuerpo personal de los hijos. En la *paternidad-maternidad sobrenatural* —nos hallamos en el orden de la vida de la Gracia— la Trinidad pone el poder *creador* y la Madre de Dios pone el poder *procreador*.

---

[13] San Josemaría Escrivá, *Madre de Dios y Madre nuestra*, Madrid, 1973, 29.30.
[14] Cfr. RM 47.

¿Cuál es, pues, la raíz de la virtud generativa sobrenatural (*id quo generans generat*) [15] de María Santísima? En nuestra opinión, puede ser, y no puede ser otra que la voluntad amorosa de María (llena de amor a la Trinidad y a cada ser humano). Supuesta la Voluntad de Dios Trino y la voluntad humana de Cristo Redentor y Santificador del hombre, supuesta también su existencia ya gloriosa, cabe decir que a María le basta *querer* (unida en el Espíritu Santo al querer de Cristo Redentor y Santificador) para *procrear*, es decir, para que Dios cree la vida sobrenatural en el alma de los que son justificados. Así Ella, en el sentido más real, vital, pleno, es Madre nuestra en el orden de la gracia. Ella no es origen absoluto de la Gracia —sólo lo es Dios—; Ella es con Cristo —no sin Él— generadora (*genetrix*) de Gracia.

Mediadora bajo el mediador

Si esto es así, resulta claro que sea también Mediadora de todas las gracias de las que Ella es origen, bajo y con el Mediador. Mediadora *ad Mediatorem*, es una célebre expresión de San Bernardo [16]. *Lumen gentium* enumera unos cuantos títulos de los que se reconocen en María, como los de Abogada, Auxiliadora y, sobre todo, Mediadora [17]. Este último, se encuentra reconocido también en todo el capítulo VIII, dedicado a María. *Maternidad espiritual* y *me-*

---

[15] S. Th. I, q. 41, a. 4 co.
[16] Cfr. San Bernardo, *In Dominica infra oct. Assumptionis Sermo*, 2; cit. RM nota (96).
[17] Cfr. LG 62.

diación son en la Virgen términos complementarios. María, precisamente porque es Madre del Redentor y Madre de todos los hombres, une a los hombres con el Redentor.

Abundemos en el concepto ya utilizado con frecuencia hasta aquí, de honda significación metafísica y teológica, el concepto *participación*. Para lo que ahora precisamos, puede hacerse con bastante llaneza sin adulterarlo. «Participar» equivale a «tomar parte». Cuando se toma parte en un bien material —un pastel, por ejemplo—, y son muchos los *participantes*, toca menos a cada uno. Sin embargo, cuando se trata de bienes espirituales, como la alegría o la felicidad, que no son «objetos» o «cosas», cuanto mayor es el número de participantes, no toca menos a cada uno; si acaso, parece que toca a más.

En una palabra, cuanto más espiritual, perfecto y perfectivo es el bien, es más *participable*. Cuando avanzamos en los primeros compases de la Sagrada Escritura, hallamos la Bondad infinita de Dios, que sin dejar de ser única —sólo Dios es el Bueno— causa innumerables bondades. Son bondades creadas, limitadas, finitas, pero verdaderas bondades. Así sucede también con la función mediadora, equivalente a *sacerdotal*, de Cristo. Él es el único mediador, el Mediador *nato*, por unir en su persona hipostáticamente la naturaleza divina y la naturaleza humana. Por eso puede hacernos participar de su mediación, en cuanto somos humanos y participamos también por la Gracia en la vida divina de la Trinidad. La mediación mariana no rebaja la mediación de Cristo, al contrario, manifiesta más claramente su riqueza, consistencia y dignidad suprema.

No hay dificultad para que otros, en cierto sentido, puedan llamarse mediadores entre Dios y los hombres, en cuanto que cooperan a la unión del hombre con Dios, disponiéndole y siendo instrumentos suyos para ella, como son los ángeles y los santos, los profetas y los sacerdotes de ambos Testamentos. *Redemptoris Mater* subraya con vigor la unicidad de la mediación de Jesucristo, «sin embargo —aclara— esta unicidad no es exclusiva, sino inclusiva, es decir, hace posible otras formas de participación. En otras palabras, la unicidad de Cristo no suprime la reciprocidad y la colaboración de los hombres entre sí delante de Dios, de manera que todos pueden ser, en múltiples formas, el uno para el otro, mediadores ante Dios en comunión con Jesucristo». De este modo, los hombres pueden ser mediadores los unos de los otros. Se trata, por supuesto de una «función subordinada» [18] a la de Cristo, con otras palabras, una «mediación participada», que brota «de la superabundancia de los méritos de Cristo (...), de ella depende totalmente y de la misma saca toda su virtud» [19].

Todo esto se refiere a los hombres en general y por lo tanto a María. Pero en Ella la mediación reviste un carácter *especial* y *extraordinario* [20], que sobrepasa en modo específico las demás mediaciones. El carácter específico de la mediación de María consiste en su cualidad maternal, «ordenada a un nacimiento siempre nuevo de Cristo en el mundo. Ella custodia la dimensión femenina en la actividad actual de la Iglesia y sigue siendo su origen permanente» [21].

---

[18] RM n. 38. • [19] RM n. 22; LG 60. • [20] Cfr. RM 38.
[21] J. Ratzinger, l.c. Para el gran tema del lugar de la mujer en la Iglesia, ver Juan Pablo II, Enc. *Mulieris dignitatem* y *Carta del Papa Juan Pablo II a las mujeres*, 29 de junio de 1995.

No es de extrañar, aunque maraville, que la misma prerrogativa, pero *mucho más* gloriosa, conviene a la Virgen excelsa. Ese «mucho más», incomparablemente más, equivale, en rigor, a un «*esencialmente* más». Así como se distingue el sacerdocio común del sacerdocio ministerial por una diferencia no de grado sino esencial, cabe decir que la mediación de los fieles y la de María difiere también esencialmente. Por mucho que se perfeccione o intensifique la participación en la mediación de Cristo de los demás fieles, nunca alcanzará la cualidad de la mediación de María, pues es de una naturaleza específicamente superior, esto es, *materna*. Las demás serán en todo caso «filiales», con las debidas diferencias en el caso de los sacerdotes (presbíteros) cuando actúan «*in persona Christi*». Pero aún en este caso, ser Madre del Mediador —haberle dado la naturaleza humana, y tener los derechos de Madre hecha singularmente «unum» con su Hijo— es una condición cualitativamente superior a la de hacer presente a Cristo. Así entendemos *Redemptoris Mater* cuando afirma que «la mediación de María está íntimamente unida a su maternidad y posee un carácter específicamente materno que la distingue de las demás criaturas (...)» [22].

De ahí que el Magisterio reconozca que María es Medianera y Dispensadora de *todas* las gracias: «es lícito afirmar que de aquel grandioso tesoro que trajo el Señor —*porque la gracia y la verdad fue hecha por medio de Jesucristo* [23]— nada se nos distribuye sino por medio de María, por quererlo Dios así; de suerte que a la manera que nadie se acerca

[22] RM, n. 38; cfr. Joseph Ratzinger, *María, Iglesia naciente*, pp. 39-44.
[23] Jn 1, 17.

al supremo Padre sino por el Hijo, casi del mismo modo, nadie puede acercarse a Cristo sino por su Madre» [24].

«Administradora» del Paraíso

Redemptoris Mater desarrolla suficientemente el aspecto intercesor de la mediación de María en el orden de todos los bienes de los hijos [25]. Lo hace sobre la base del relato evangélico de *la boda en Caná de Galilea* —comentada más arriba—, en la que la Madre de Jesús [26] «*se pone "en medio", o sea, hace de mediadora no como un persona extraña, sino en su papel de madre,* consciente de que como tal puede —más bien "tiene el derecho de"— hacer presente al Hijo las necesidades de los hombres». Dios ha querido que tengamos en el Cielo una Abogada, digna de ser oída siempre en beneficio de sus hijos. Está en la lógica divina que la que es *gratia plena sibi,* sea también *superplena nobis* (San Bernardo).

Por eso, a la Madre de Dios se le ha entregado toda la gracia de la que es Autor su Hijo, para que sea *Administratrix Christi* [27], en favor de todos sus hijos. Todas las gracias que se comunican a este mundo tienen un triple proceso: siguiendo un orden altísimo, se comunican por Dios a Cristo, por Cristo a María, y por María a nosotros [28]. Es ésta otra manifestación de la inmensidad del amor de Dios hacia María y hacia nosotros, porque poner toda la riqueza

---

[24] León XIII, Enc. *Octobri mense,* 22-IX-1891, DS 3275; Cfr. LG 62.
[25] RM, nn. 21 - 24; Cfr. Pablo VI, *Signum magnum.*
[26] Jn 2, 1 ss.
[27] San Agustín, *Serm. de Assumpt.,* LII.
[28] Cfr. León XIII, Enc. *Iucunda semper,* 8.IX.1894.

sobrenatural en manos de una madre como la suya es garantizar a todo el mundo que hallará siempre acogida en los Cielos si acude filialmente a la Virgen Santa. Si es inevitable que Dios sea infinitamente justo, lo es igualmente que la Madre de Dios sea indefectiblemente misericordiosa.

Administradora de Cristo, Administradora del Paraíso, Dispensadora de todas las divinas gracias. Nos hallamos ante la sabiduría divina en su extremo más amable para la criatura necesitada de comprensión, compasión, perdón, salvación y elevación a la vida de Dios.

Educadora de su Hijo y de sus hijos

«Otro elemento esencial de esta función materna de María —continúa Juan Pablo II en *Redemptoris* Mater— se encuentra en las palabras dirigidas a los criados: "Haced lo que él os diga". La Madre de Cristo se presenta ante los hombres como *portavoz de la voluntad del Hijo*, indicadora de aquellas exigencias que deben cumplirse para que pueda manifestarse el poder salvífico del Mesías. En Caná, merced a la intercesión de María y a la obediencia de los criados, Jesús da comienzo a "su hora". En Caná María aparece como *la que cree en Jesús*; su fe provoca la primera "señal" y contribuye a suscitar la fe los discípulos» [29]. «En la escuela de María podremos aprender mejor a Cristo» [30]. Juan Pa-

---

[29] RM, 21. El capítulo VI.
[30] Benedicto XVI —en continuidad con Juan Pablo II—: *Carta a la Conferencia Episcopal Española con motivo de la peregrinación nacional al Santuario de Nuestra Señora del Pilar de Zaragoza*, Vaticano, 19 de mayo de 2005.

blo II titula el capítulo VI de su Encíclica *Ecclesia de Eucaristia*, «En la escuela de María, Mujer Eucarística» (porque *María es mujer «eucarística» con toda su vida)*.

Jesús mismo, Jesús Niño, aprendió en su «escuela», compartida con San José, en la que hay como una música de fondo: «Haced lo que Él os diga». «El Niño crecía en sabiduría», dice Lucas. Es verdad igualmente que en la misma Persona —sorprendente antinomia, enamorante misterio— Dios aprendía y el hombre lo sabía todo. ¿Cómo no entrar y prestar toda la atención del mundo en esa escuela donde tantas cosas ha aprendido a lo humano Aquel que lo sabe todo a lo divino?

Pablo VI se entusiasma con la idea: «Nazaret es la escuela donde empieza a entenderse la vida de Jesús, es la escuela donde se inicia el conocimiento de su Evangelio. Aquí aprendemos a observar, a escuchar, a meditar, a penetrar en el sentido profundo y misterioso de esta sencilla, humilde y encantadora manifestación del Hijo de Dios entre los hombres. Aquí se aprende incluso, quizá de una manera casi insensible, a imitar esta vida. Aquí se nos revela el método que nos hará descubrir quien es Cristo. Aquí comprendemos la importancia que tiene el ambiente que rodeó su vida durante su estancia entre nosotros, y lo necesario que es el conocimiento de los lugares, los tiempos, las costumbres, el lenguaje, las prácticas religiosas, en una palabra, de todo aquello de lo que Jesús se sirvió para revelarse al mundo. Aquí todo habla, todo tiene un sentido. Aquí, en esta escuela, comprendemos la necesidad de una disciplina espiritual si queremos seguir las enseñanzas del Evangelio y ser discípulos de Cristo. ¡Cómo quisiéramos ser otra vez niños y volver a esta humilde pero sublime escuela de Nazaret! ¡Cómo quisiéramos volver a empezar, junto a María, nuestra iniciación a la verdadera ciencia de la vida y a la más alta sabiduría de la verdad divina!» [31].

Finalmente y desde el otro ángulo, San Josemaría confiesa: «Me gusta volver con la imaginación a aquellos años en los que Jesús permaneció junto a su Madre, que abarcan casi toda la vida de Nuestro Señor en este mundo. Verle pequeño, cuando María lo cuida y lo besa y lo entretiene. Verle crecer, ante los ojos enamorados de su Madre y de José, su padre en la tierra. Con cuánta ternura y con cuánta delicadeza María y el Santo Patriarca se preocuparían de Jesús durante su infancia y, en silencio, aprenderían mucho y constantemente de El. Sus almas se irían haciendo al alma de aquel Hijo, Hombre y Dios. Por eso la Madre —y, después de Ella, José— conoce como nadie los sentimientos del Corazón de Cristo, y los dos son el camino mejor, afirmaría que el único, para llegar al Salvador» [32].

«Repasad en la oración esos argumentos, tomad ocasión precisamente de ahí para decirle a Jesús que lo adoráis, y estaréis siendo contemplativos en medio del mundo, en el ruido de la calle: en todas partes. Esa es la primera lección, en la escuela del trato con Jesucristo. De esa escuela, María es la mejor maestra, porque la Virgen mantuvo siempre esa actitud de fe, de visión sobrenatural, ante todo lo que sucedía a su alrededor: guardaba todas esas cosas en su corazón ponderándolas» [33].

---

[31] De las alocuciones del papa Pablo sexto (*Alocución en Nazaret*, 5 de enero de 1964).

[32] San Josemaría Escrivá, *Amigos de Dios*, n. 281.

[33] San Josemaría Escrivá, *Es Cristo que pasa*, n. 174.

Refugio de los pecadores

Permítasenos, por una vez, ofrecer el testimonio de la fe del pueblo cristiano en la pluma de un escritor no eclesiástico, Miguel de Cervantes, quien llama a la Madre de Dios: «la siempre Virgen María, reina de los Cielos y Señora de los ángeles y nuestra, tesoro del Padre, relicario del Hijo y amor del Espíritu Santo, amparo y refugio de pecadores» [34]. ¿Cómo no va a ser refugio una Madre santísima que ve en cada hijo, al Hijo; sea glorioso por la gracia, sea crucificado por el pecado? *Redemptoris Mater* nos ofrece sobrado fundamento teológico para esta aseveración tan confortante [35], que reiteramos cada vez que rezamos las Letanías del Santo Rosario. Refugio y Abogada nuestra es la Madre de Dios [36].

La «medida» del amor materno de María

Es lógico que nos preguntemos formalmente, en un estudio teológico, aunque sea breve, cómo es —al margen de experiencias personales en el trato con Nuestra Madre— el amor de la Madre de Dios por sus hijos. Enseguida caemos en la cuenta de que se trata de un misterio insondable en el que sólo Dios y Ella tienen cabal acceso: «María abraza a todos, con una solicitud particular, en el Espíritu Santo. En efecto, es Él (el Espíritu Santo), como profesamos en nuestro Credo, el que «da la Vida». Él es quien da la pleni-

---

[34] Miguel de Cervantes, *Los trabajos de Persiles y Sigismunda*, L. I, c. IV.
[35] RM, núm. 11; Cfr.nn. 24 y 27.
[36] LG n. 62; Cfr. CEC 969.

tud de la vida abierta hacia la eternidad». Ella nos ama «en el Espíritu Santo»[37], es «la Madre que —con toda la fuerza de su amor que nutre *en el* Espíritu Santo— desea la salvación de todos los hombres»[38].

A María, por decirlo así, le pasa como a Dios, que —según la célebre frase de André Frossard— *¡sólo sabe contar hasta uno!* Tiene una muchedumbre inmensa de hijos, pero «la maternidad determina siempre una relación única e irrepetible, entre dos personas» y «aun cuando una misma mujer sea madre de muchos hijos, su relación personal con cada uno de ellos caracteriza la maternidad en su misma esencia (...) Cada hijo es rodeado del mismo modo por aquel amor materno, sobre el que se basa su formación y maduración en la humanidad»[39]. Mucho se aprende en la escuela de María, acerca de lo que valen una madre y un hijo; en suma, una persona aunque sea sola por ser siempre «única».

[37] Juan Pablo II, *Homilía*, Fátima 13.V.1982.
[38] *Ibidem*.
[39] RM, 45.

Capítulo VIII

EL CULTO Y LA DEVOCIÓN
A LA SANTÍSIMA VIRGEN MARÍA

El culto debido a la Madre de Dios

El culto es un honor que se tributa a una persona superior a nosotros. El culto rendido a los servidores de Dios honra a Dios mismo, que se manifiesta por ellos y por ellos nos atrae hacia Él. El Concilio de Trento así lo ha definido contra los que ven en el culto a los santos un modo de superstición [1].

Por tantos motivos es justo que Nuestra Señora sea objeto de una veneración singularísima. «Si se veneran todos los justos, ¿quién es el que no alabará a la fuente de la Justicia y al tesoro de la Santidad? Ni la lengua de los hombres, ni la mente de los Ángeles, que es la más sublime del mundo, pueden dignamente ensalzarla» [2].

Al constituir Dios a su Madre en la cima de la santidad, llenándola de gracias, nos expresa su voluntad de que la honremos en cuanto nos sea posible. Alabar a María es ala-

---

[1] Cfr. DS 1744, 1755, 1821.
[2] San Juan Damasceno, *Oratio in dormitionem*, 1.

bar al Hijo y, por Él, a la Trinidad Santísima: ¿qué hijo no se goza en que honren a su madre? ¡Cuánto más Jesucristo que, siendo Dios, ama a su Madre más que todos los hijos del mundo! Se comprende bien aquel grito de alabanza a la Virgen María que sale de los labios de una mujer anónima interrumpiendo un discurso de Jesús: «Sucedió que, estando él diciendo estas cosas, alzó la voz una mujer de entre la gente, y dijo: '¡Dichoso el seno que te llevó y los pechos que te criaron!'» [3]. Es el comienzo de una cadena de alabanzas ininterrumpida que continuará por los siglos y en la eternidad: «Dijo María: "Engrandece mi alma al Señor y mi espíritu se alegra en Dios mi salvador. Porque ha puesto los ojos en la humildad de su esclava, por eso desde ahora todas las generaciones me llamarán bienaventurada..."» [4]. Ningún buen hijo de Dios querrá ausentarse de este coro innumerable que alaba a Dios del modo más entrañable y agradable al Hijo: alabando a su Madre, que es también Madre nuestra.

La Iglesia enseña que ha de tributarse a la Santísima Virgen un culto de veneración (*dulía*), pero «suprema», llamado *hiperdulía*, debido a su eminente dignidad de Madre de Dios; distinto del culto de *latría* (adoración) reservado a Dios, a la Humanidad de Cristo y a la Santa Cruz, y del simple culto de *dulía* propio de los demás santos.

Erasmo y Lutero, para corregir lo que juzgaban excesos de la piedad mariana de su tiempo, repetían continuamente que «la verdadera devoción a María consistía en la imitación». El Concilio Vaticano II fue más delicado y profundo, al decir que la verdadera devoción no consiste, ni

---

[3] Lc 11, 27. • [4] Lc 1, 46-48.

en un estéril y pasajero sentimentalismo; ni en una cierta vana credulidad; sino que procede de la fe, por la que reconocemos la excelencia de la Madre de Dios, por la que somos llevados a un amor filial hacia nuestra Madre; y a la imitación de sus virtudes [5].

El 2 de febrero de 1974 el papa Pablo VI publicaba una amplia y profunda Exhortación Apostólica titulada *Marialis cultus,* «para la recta ordenación y desarrollo del culto a la Santísima Virgen María». En ella expone que «—porque en Cristo tiene su origen y eficacia, en Cristo halla plena expresión y por medio de Cristo conduce en el Espíritu al Padre—, es un elemento cualificador de la genuina piedad de la Iglesia. En efecto, por íntima necesidad la Iglesia refleja en la praxis cultual el plan redentor de Dios, debido a lo cual corresponde un culto singular al puesto también singular que María ocupa dentro de él; asimismo todo desarrollo auténtico del culto cristiano redunda necesariamente en un correcto incremento de la veneración a la Madre del Señor. Por lo demás, la historia de la piedad filial como las diversas formas de piedad hacia la Madre de Dios, aprobadas por la Iglesia dentro de los límites de la doctrina sana y ortodoxa, se desarrolla en armónica subordinación al culto a Cristo y gravitan en torno a él como su natural y necesario punto de referencia.»

Los Romanos Pontífices Juan Pablo II y Benedicto XVI han insistido en los mismos puntos y enriquecido con las nuevas experiencias el Magisterio sobre este tema, que aquí —como los anteriores capítulos— sólo podemos esbozar.

---

[5] Cfr. LG 68.

Lo haremos con los mismos textos de la *Marialis cultus* y unos pocos más[6].

Marialis cultus, n. 24: (...) «El mismo Concilio Vaticano II exhorta a promover, junto al culto litúrgico, otras formas de piedad, sobre todo las recomendadas por el Magisterio (LG n. 67) . Sin embargo, como es bien sabido, la veneración de los fieles hacia la Madre de Dios ha tomado formas diversas según las circunstancias de lugar y tiempo, la distinta sensibilidad de los pueblos y su diferente tradición cultural. Así resulta que las formas en que se manifiesta dicha piedad, sujetas al desgaste del tiempo, parecen necesitar una renovación que permita sustituir en ellas los elementos caducos, dar valor a los perennes e incorporar los nuevos datos doctrinales adquiridos por la reflexión teológica y propuestos por el magisterio eclesiástico. Esto muestra la necesidad de que las Conferencias Episcopales, las Iglesias locales, las familias religiosas y las comunidades de fieles favorezcan una genuina actividad creadora y, al mismo tiempo, procedan a una diligente revisión de los ejercicios de piedad a la Virgen; revisión que queríamos fuese respetuosa para con la sana tradición y estuviera abierta a recoger las legítimas aspiraciones de los hombres de nuestro tiempo. Por tanto nos parece oportuno, venerables hermanos, indicaros algunos principios que sirvan de base al trabajo en este campo.»

---

[6] La historia de la crisis mariológica que aconteció en los años próximos al Concilio Vaticano II —no por cierto en el espíritu y textos del Concilio— la resume Joseph Ratzinger en la obra citada *María, Iglesia naciente,* pp. 13 y ss. En la misma obra, dedica el papa un epígrafe a la «Piedad mariana» (pp. 24-26).

n. 25. «Ante todo, es sumamente conveniente que los ejercicios de piedad a la Virgen María expresen claramente la nota trinitaria y cristológica que les es intrínseca y esencial. En efecto, el culto cristiano es por su naturaleza culto al Padre, al Hijo y al Espíritu Santo o, como se dice en la Liturgia, al Padre por Cristo en el Espíritu. En esta perspectiva se extiende legítimamente, aunque de modo esencialmente diverso, en primer lugar y de modo singular a la Madre del Señor y después a los Santos, en quienes, la Iglesia proclama el Misterio Pascual, porque ellos han sufrido con Cristo y con Él han sido glorificados [7]. En la Virgen María todo es referido a Cristo y todo depende de Él: en vistas a Él, Dios Padre la eligió desde toda la eternidad como Madre toda santa y la adornó con dones del Espíritu Santo que no fueron concedidos a ningún otro. Ciertamente, la genuina piedad cristiana no ha dejado nunca de poner de relieve el vínculo indisoluble y la esencial referencia de la Virgen al Salvador Divino [8]. Sin embargo, nos parece particularmente conforme con las tendencias espirituales de nuestra época, dominada y absorbida por la "cuestión de Cristo" [9], que en las expresiones de culto a la Virgen se ponga en particular relieve el aspecto cristológico y se haga de manera que éstas reflejen el plan de Dios, el cual preestableció "con un único y mismo decreto el origen de María y la encarnación de la

---

[7] Cf. Conc. Vat. II, Const. sobre la Sagrada Liturgia, *Sacrosanctum Concilium*, n. 104; *AAS* 56 (1964), pp. 125-126.

[8] Cf. Conc. Vat. II, Const.dogm. sobre la Iglesia, *Lumen gentium*, n. 66; *AAS* 57 (1965), p. 65.

[9] Cf. Paulus VI, Alocución pronunciada el día 24 de Abril de 1970 en el Santuario de «Nostra Signora di Bonaria» en Cagliari; *ASS* 62 (1970), p. 300.

divina Sabiduría"[10]. Esto contribuirá indudablemente a hacer más sólida la piedad hacia la Madre de Jesús y a que esa misma piedad sea un instrumento eficaz para llegar al "pleno conocimiento del Hijo de Dios, hasta alcanzar la medida de la plenitud de Cristo" (Ef 4,13); por otra parte, contribuirá a incrementar el culto debido a Cristo mismo porque, según el perenne sentir de la Iglesia, confirmado de manera autorizada en nuestros días[11], "se atribuye al Señor, lo que se ofrece como servicio a la Esclava; de este modo redunda en favor del Hijo lo que es debido a la Madre; y así recae igualmente sobre el Rey el honor rendido como humilde tributo a la Reina"»[12].

Otro punto que resume mucho de lo que hemos dicho y sugiere de nuevo la perspectiva eclesilógica de la mariología, es el siguiente:

Marialis cultus, núm. 28: «Es necesario además que los ejercicios de piedad, mediante los cuales los fieles expresan su veneración a la Madre del Señor, pongan más claramente de manifiesto el puesto que ella ocupa en la Iglesia: "el más alto y más próximo a nosotros después de Cristo"; un puesto que en los edificios de culto del Rito bizantino tienen su expresión plástica en la misma disposición de las partes arquitectónicas y de los elementos iconográficos —en la puerta central de la iconostasis está figurada la Anunciación de María en el ábside de

---

[10] Pío IX, Carta Apostólica, *Ineffabilis Deus: Pii IX Pontificis Maximi Acta*, I, 1, Romae 1854, p. 599; cf. también V. Sardi, *La Solenne definizione del dogma dell Immacolato concepimento di Maria Santissima, Atti e documenti...*, Roma 1904-1905, vol. II, p. 302.

[11] Cf. Conc. Vat. II, Const. dogm. sobre la Iglesia, *Lumen gentium*, n. 66; *AAS* 57 (1965), p. 65.

[12] S. Hildelfonsus, *De virginitate perpetua sanctae Mariae* Cap. XII; PL 96, 108.

la representación de la "*Theotocos*" gloriosa— con el fin de que aparezca manifiesto cómo a partir del "*fiat*" de la humilde Esclava del Señor, la humanidad comienza su retorno a Dios y cómo en la gloria de la "Toda Hermosa" descubre la meta de su camino. El simbolismo mediante el cual el edificio de la Iglesia expresa el puesto de María en el misterio de la Iglesia contiene una indicación fecunda y constituye un auspicio para que en todas partes las distintas formas de venerar a la bienaventurada Virgen María se abran a perspectivas eclesiales.

En efecto, el recurso a los conceptos fundamentales expuestos por el Concilio Vaticano II sobre la naturaleza de la Iglesia, *Familia de Dios, Pueblo de Dios, Reino de Dios, Cuerpo místico de Cristo,* permitirá a los fieles reconocer con mayor facilidad la misión de María en el misterio de la Iglesia y el puesto eminente que ocupa en la Comunión de los Santos; sentir más intensamente los lazos fraternos que unen a todos los fieles porque son hijos de la Virgen, "a cuya generación y educación ella colabora con materno amor", e hijos también de la Iglesia, ya que nacemos de su parto, nos alimentamos con leche suya y "somos vivificados por su Espíritu", y porque ambas concurren a engendrar el Cuerpo místico de Cristo: "Una y otra son Madre de Cristo; pero ninguna de ellas engendra todo (el cuerpo) sin la otra"; percibir finalmente de modo más evidente que la acción de la Iglesia en el mundo es como una prolongación de la solicitud de María: en efecto, el amor operante de María la Virgen en casa de Isabel, en Caná, sobre el Gólgota —momentos todos ellos salvíficos de gran alcance eclesial— encuentra su continuidad en el ansia materna de la Iglesia porque todos los hombres lleguen a la verdad (cf. 1Tim 2,4), en su solicitud para con los humildes, los pobres, los débiles, en su empeño constante por la paz y la concordia social, en su prodigarse para que todos los hombres participen de la salvación merecida para ellos por la muerte de Cristo. De este modo el amor a la Iglesia se traducirá en amor a María y viceversa; porque la una no puede subsistir sin la otra, como observa de manera muy aguda San Cromasio de Aquileya: "Se reunió la Iglesia en la parte alta (del cenáculo) con María, que era la Madre de Jesús, y con los hermanos de Este. Por tanto no se puede hablar de Iglesia si no está presente María, la Madre del Señor, con los hermanos de Este". En conclusión, reiteramos la necesidad de que la veneración a la Virgen haga explícito su intrínseco contenido eclesiológico: esto equivaldría a valerse de una fuerza capaz de renovar saludablemente formas y textos.»

Celebraciones litúrgicas

Tradicionalmente, la Iglesia, para honrar a la Virgen María, celebra a lo largo del año litúrgico diversas fiestas Marianas. Algunas son especialmente importantes y solemnes: Santa María Madre de Dios, la Anunciación, la Asunción de Nuestra Señora, Santa María Reina, los Dolores de Nuestra Señora, la Natividad de Nuestra Señora, Nuestra Señora del Rosario, la Inmaculada Concepción, etcétera.

Devociones Marianas

El Concilio Vaticano ll exhorta a que se promueva el culto, especialmente el litúrgico [13]; ya que, como se recoge

---

[13] Cfr. LG n. 67.

en *Marialis Cultus,* en ella reside una incomparable eficacia pastoral y está aprobada mucho más que las demás formas de culto [14]. Por otra parte, se añade, «La sagrada liturgia no agota toda la actividad de la Iglesia [15]; y la participación en la sagrada liturgia no abarca toda la vida espiritual. En efecto, el cristiano, llamado a orar en común, debe, no obstante, entrar también en su cuarto para orar al Padre en secreto; más aún, debe orar sin tregua, según enseña el Apóstol» [16]. Todavía más claramente *Lumen gentium* exhorta a los fieles para que «estimen en mucho las prácticas y los ejercicios de piedad hacia la Ella —la Virgen— recomendados por el Magisterio» [17]. *Marialis cultus* ha subrayado de modo particular dos devociones marianas: el *Angelus* y el *Rosario* de la Virgen María, recomendado vivamente por los papas. Pablo VI escribió: «No dejéis de inculcar con todo cuidado el rezo del Santo Rosario, la oración tan querida a la Virgen y tan recomendada por los Sumos Pontífices, por medio de la cual los fieles pueden cumplir de la manera más suave y eficaz el mandato del Divino Maestro: "pedid y recibiréis, buscad y hallaréis, llamad y se os abrirá"» [18]. Era la oración predilecta de Juan Pablo II, quien escribió una entrañable Carta Apostólica *Rosarium Mariae Virginis,* en la que proclamaba un «Año del Rosario», en la que afirma ser el Rosario una oración no solo «a María» sino también «con María» [19].

---

[14] Cfr. MC I, 1. • [15] Cfr. SC n. 9. • [16] SC n. 12. • [17] Cfr. LG n. 67.
[18] Pablo VI, Carta-Encíclica *Mense Maio,* 29-IV-1965.
[19] Juan Pablo II, *Rosarium Maria Virginis,* 16 de octubre 2002.

Otras prácticas de piedad mariana

Otras prácticas de piedad mariana son: las Cofradías marianas y el Escapulario del Carmen; Mes de María, Medallas, sábados dedicados a la Virgen, etc. Santuarios y Ermitas erigidas para honrar especialmente a la Madre de Dios. Sin olvidar que «la forma más genuina de devoción a la Virgen Santísima... es la consagración a su Corazón Inmaculado. De esta forma toma vida en el corazón una creciente comunión y familiaridad con la Virgen Santa, como nueva forma de vivir para Dios y de proseguir aquí en la tierra el amor de Hijo Jesús a su Madre María»[20].

Frutos de la devoción a la Virgen María

Los frutos son incontables y en su mayor parte solo Ella los conoce. La devoción a la Virgen conduce a asimilar sus virtudes; es camino seguro de salvación, porque María obtiene para los que fielmente le imploran la gracia de la perseverancia final, pues —como ya hemos visto— es Mediadora universal de todas las gracias y mira con especial benevolencia a sus hijos más devotos. El culto debido a la Virgen María confirma en la Iglesia los fundamentos de la fe, porque implica la fe en la Encarnación Redentora de Jesucristo, evita las herejías, conduce a la santidad y, al honrar a su Madre, glorifica a Nuestro Señor[21].

---

[20] Juan Pablo II, Mensaje con ocasión del Año Mariano Carmelitano (25.3.2001), 4.

[21] «El amor a nuestra Madre será soplo que encienda en lumbre viva las brasas de virtudes que están ocultas en el rescoldo de tu tibieza.» (*Camino*, n. 492).

Capítulo IX:

LA SANTIDAD EMINENTE Y LA DUDA DE SAN JOSÉ

> «*Virum praedestinatum Maríae*»
> (San Ireneo).
>
> «*Nadie es tan grande después de la Virgen María*»
> (Juan XXIII)

San José merece un tratado específico y es pertinente no poner punto final a la Mariología sin decir alguna palabra sobre el Santo Patriarca, puesto que el evangelista Lucas nos presenta a María como «una virgen desposada con un hombre llamado José» (Lc 1, 27); es una virgen esposa de un esposo. El ángel mensajero de la Voluntad de Dios, confirma a José en su camino de esposo, diciendo: «no temas tomar contigo a María, tu mujer...» (Mt 1, 20). Así, José de Nazaret entra con pleno derecho en la Mariología. Varias son las cuestiones que su matrimonio con la Virgen Santísima plantea. Aquí sólo las tratamos sumariamente.

José de Nazaret, Esposo de María

Ante todo conviene dejar constancia de que la Virgen y San José contrajeron un verdadero matrimonio, ciertamente virginal. Así viene sostenido por el Magisterio de la

Iglesia [1]. El papa León XIII enseñaba «que medió un vínculo matrimonial de San José con la Santísima Virgen... Ahora bien, si Dios le dio un esposo a la Virgen, no fue sólo para darle un compañero en su vida, testigo de su virginidad, y defensor de su honestidad, sino también para hacerlo partícipe de su excelsa dignidad en virtud del compromiso conyugal» [2].

Este enseñanza se apoya principalmente en el pasaje evangélico en que María es presentada como esposa y José es llamado su *esposo* (Mt 1,16-20) [3]. Por su parte, los santos Padres, al referirse al matrimonio entre María y José, ponen de relieve la providencia y sabiduría divinas al disponer que Jesucristo naciera virginalmente de una Madre desposada [4].

La santidad eminente de San José

Al declarar a San José patrono de la Iglesia universal, León XIII afirmó su proximidad —«más que persona alguna»— a «la dignidad sobreeminente por la que la Madre de Dios sobrepasa de tal manera a las naturalezas creadas

---

[1] Puede consultarse: H. Caffarel, *No temas recibir a María tu esposa*, Rialp, Madrid 1993; y, en general, sobre casi todos los aspectos de la teología de San José: Jose María Monforte, *José de Nazaret en el Tercer Milenio cristiano*, EIUNSA, 1ª ed. 2001, 329 pp. (sigla: JeN).

[2] León XIII, Encíclica *Quamquam pluries*, 15-VIII-1889, ASS 22,66.

[3] JeN, capítulo II, *José de Nazaret, «Esposo» de María*», pp. 279-300.

[4] Cfr. Javier Ibáñez-Fernando Mendoza, *María, Madre del Redentor*, pp. 40-52. Juan Pablo II, en *Redemptoris custos*, 7, indica el fundamento de la paternidad de José en el verdadero matrimonio con María. Respecto a éste, ver RC, 8 y 18.

(...) ; si, pues, Dios le dio por esposo a José, ciertamente no sólo se lo dio como ayuda en la vida, sino que también le hizo participar, por el vínculo matrimonial, en la eminente dignidad que Esta había recibido» [5]. José, además, acreditó su dignidad esponsal con un amor singular, aceptando plenamente *todo el misterio* de María. Juan XXIII, en 1962, lo proclamó «ilustre descendiente de David, luz de los Patriarcas, esposo de la Madre de Dios, guardián de su virginidad, padre nutricio del Hijo de Dios, vigilante defensor de Cristo, Jefe de la Sagrada Familia; fue justísimo, castísimo, prudentísimo, fortísimo, muy obediente, fidelísimo, espejo de paciencia, amante de la pobreza, modelo de trabajadores, honor de la vida doméstica, guardián de las vírgenes, sostén de las familias, consolación de los desafortunados, esperanza de los enfermos, patrono de los moribundos, terror de los demonios, protector de la Iglesia Santa. Nadie es tan grande después de la Virgen María» [6].

La razón de semejantes títulos estriba en la plenitud de gracia recibida por San José, proporcionada a la preeminencia de su misión para la cual fue elegido, directa, inmediata y eternamente por la Trinidad. La misión de San José, en efecto, supera el orden mismo de la gracia y linda con el orden hipostático, constituido por el misterio mismo de la Encarnación.

Por todo ello, «la Iglesia entera reconoce en San José a su protector y patrono. A lo largo de los siglos se ha hablado de él, subrayando diversos aspectos de su vida, continuamente

---

[5] León XIII, Encíclica *Quamquam plures,* del año 1899.
[6] Juan XXIII, *Decreto de la Sagrada Congregación de Ritos* del año 1962, por el que se incluía el nombre de San José en el Canon de la Misa.

fiel a la misión que Dios le había confiado. Por eso, desde hace muchos años —cuenta San Josemaría Escrivá—, me gusta invocarle con el título entrañable: Nuestro Padre y Señor»[7]. Las virtudes de San José señaladas por Juan XXIII son un espléndido modelo propuesto para nuestra imitación. «Nuestro Padre y Señor San José es Maestro de la vida interior. —Ponte bajo su patrocinio y sentirás la eficacia de su poder»[8].

La duda de San José

Parece que, después de la Anunciación, la Virgen Madre, guardó para sí el gran misterio que había acontecido en Ella, la Encarnación del Verbo. No había palabras para expresarlo ni parece que el Señor quisiera que lo revelase por sí misma, ni siquiera a su esposo José. No obstante, Isabel fue informada del misterio por el Espíritu Santo, como se deduce de la escena de la Visitación (Lc 1, 41 ss). ¿Habían hablado previamente de ello María y José? ¿Acompañó José a María en la visita a Isabel? ¿Había tenido lugar ya la revelación del Ángel a José? (vd Mt 1, 20). Los textos evangélicos dejan todas las respuestas abiertas.

Las traducciones que han llegado hasta nosotros no facilitan la intelección de los sentimientos y actitudes de

---

[7] San Josemaría Escrivá, *Es Cristo que pasa*, n. 39. Ha sido —y sigue siendo— relevante para la devoción contemporánea a san José, la *Homilía* de san Josemaría —incluida en el volumen citado— titulada *En el taller de José*, así como en otros muchos lugares de la predicación oral y escrita de san Josemaría (por ejemplo en *Camino*, *Surco* y *Forja*). La historia de la devoción y culto a San José: JeN, primera Parte, pp. 22-102.

[8] *Camino*, 560.

José: «El origen de Jesucristo fue así: Desposada su madre María con José, antes de que convivieran resultó que había concebido del Espíritu Santo. José, su esposo, como era justo (*dikaios*) y no quería denunciarla (*deigmatisai*), pensó repudiarla (*apolusai*) en secreto» (Mt 1,19).

Es inverosímil que José, santo, prudente, con amor insuperable a su desposada, observador incesante e inteligente de la mirada de María, pudiera pensar seriamente en alguna especie de infidelidad. Lo más razonable, posible y probable era recordar la profecía de Isaías sobre *la virgen que había de concebir al Enmanuel* (cfr. Is 7, 14, citado por Mt 1, 22-23). Lo más seguro es que de algún modo entendiera que un gran misterio a lo divino había acontecido en su Esposa, aunque también es de suponer que no sospechara la divinidad del Niño que la Virgen llevaba en su seno. Pero la llegada del Mesías estaba anunciada para aquellos tiempos. La duda de José no era sobre la inocencia de María, sino sobre su propio papel en el futuro de aquel misterio. En este sentido se han pronunciado una parte de los Padres y santos doctores de la Iglesia (no todos, por lo que vamos a ver a continuación). Afortunadamente, los análisis filológicos y la más reciente exégesis bíblica parecen haber resuelto el difícil texto de Mt 1, 19, traducido de modos muy diversos, afectando, como es lógico, a la comprensión en diversos sentidos de la actitud de José ante la concepción de Jesús. Mt 1, 19 contiene tres palabras de difícil traducción:

1) *dikaios*
2) *deigmatizô*
3) *apoluô*

Vistas las diversas interpretaciones nos parece más sólida y congruente la que se resume a continuación.

1) Hoy está claro que *dikaios* se traduce por «justo»:

—no en el sentido de ser sin más riguroso observante de la Ley judía, lo que apoyaría la interpretación según la cual José hubiera pensado por algún tiempo que su esposa —según la Ley— había de ser denunciada y lapidada;

—tampoco es exacto traducir *dikaios* simplemente por «bueno» o «de buen corazón». Como José era «de buen corazón» decidiría «repudiar» (*apolusai*) en secreto a María, para evitar la lapidación que mandaba la Ley. Esta no puede ser buena traducción puesto que *dikaios* **nunca** ha significado «bueno» o «persona de buen corazón»; el griego dispone de otros términos para expresar este sentido [9].

—Lo que parece más razonable es traducir *dikaios* por «justo» como profundamente respetuoso, escrutador de la intervención de Dios en nuestra vida y fidelísimo a su amorosa Voluntad. San Josemaría lo resume así: «En el lenguaje hebreo, justo quiere decir piadoso, servidor irreprochable de Dios, cumplidor de la voluntad divina; otras veces significa bueno y caritativo con el prójimo. En una palabra, el justo es el que ama a Dios y demuestra ese amor, cumpliendo sus mandamientos y orientando toda su vida en servicio de sus hermanos, los demás hombres» [10].

2) El verbo *deigmatizô* es muy raro en griego y quizá por eso se ha traducido e interpretado de formas muy diversas. Es más usual el verbo compuesto —no sinónimo de aquél —*paradeigmatizô*, que tiene el sentido peyorativo de «exponer a la afrenta», «exponer las injurias». Pero esta

---

[9] Cfr. Ignacio De La Potterie, *María en el misterio de la Alianza*, BAC, Madrid 1993, pp 70-71.

[10] *Es Cristo que pasa*, 40.

resonancia negativa no se incluye necesariamente en el verbo sencillo (*deigmatizô*). Éste puede significar simplemente «dar a conocer», «sacar a luz», «revelar», «hacer visible», «manifestar» sin resonancia negativa alguna. Será negativa o no según lo que se «saque a relucir». Lo que se «revela» puede ser bueno o malo, edificante o vergonzoso.

3) El verbo «*luô*», del que deriva el término «*apoluô*», utilizado en Mt 1, 19, puede significar «despedir», y especialmente se dice en el sentido de «deshacer, romper el vínculo del matrimonio». Por eso, según ciertos autores, podría significar «repudiar», «divorciar». Pero también puede significar simplemente «dejar libre», «dejar ir».

En consecuencia, puede ser perfectamente correcta la traducción:

«José, su esposo, como fuese justo y no quisiese *revelar* (el misterio de María), resolvió *separarse de ella* secretamente» [11].

Es muy congruente esta interpretación técnicamente irreprochable. No se le ocurrió a José acusar de delito alguno a su esposa, ni tampoco «repudiarla». El divorcio era un acto *público*, ante testigos, y aquí el verbo va acompañado por el adverbio «secretamente». No tendría mucho sentido. Lo que decide en conciencia es lo más costoso para él: «abandonarla», «separarse» de Ella secretamente. Hay un abismo entre «repudiar» y «separar» o «distanciarse».

Queda explicar por qué. La respuesta se encuentra en la línea de aquellos Padres de los que se hace eco Santo To-

---

[11] Ignacio De La Potterie, *María en el misterio de la Alianza*, BAC, Madrid 1993, p. 69.

más de Aquino: «José quiso abandonar a María no porque tuviese ninguna sospecha sobre ella, sino porque, debido a su humildad, temía vivir unido a tanta santidad; por eso después le dijo el ángel: no temas» [12].

Es muy comprensible que José, ante la inmensidad del misterio de la maternidad virginal de María, pensase que él había errado el camino al desposarse con la Virgen anunciada por los profetas. La única salida, aunque durísima para él, era la «secreta». De este modo, Dios podría llevar a cabo los planes sobre María sin el «estorbo» que José erróneamente se consideraba [13].

El Ángel no sólo le *confirma* que lo sucedido en su Esposa es obra divina, además le comunica que él tiene también una misión en el misterio de la Encarnación: *poner el nombre a Jesús*, lo cual significa, en el modo de hablar bíblico, que iba a ser el padre de Jesús *según la ley*.

---

[12] Sto. Tomás de Aquino, *In IV Sent*. 30, 2, 2.

[13] La decisión de José, de alejarse de María, nos evoca aquella escena que también relata Lucas y comenta Benedicto XVI: después de una noche en la barca sin pescar nada, sucede la *pesca milagrosa*, abundantísima. Pedro cae a los pies de Jesús en actitud de adoración y dice: «Apártate de mí, Señor, que soy un pecador» (5, 8). «Reconoce en lo ocurrido el poder de Dios, que actúa a través de la palabra de Jesús. Le impresiona profundamente... No consigue soportar la tremenda presencia de Dios, es demasiado imponente para él» (en *Jesus de Nazaret*, Ed. La Esfera..., Madrid 2007, pp. 351-352). En ésta como en otras ocasiones, la gente queda *sobrecogida* ante la palabra o las obras del Señor. Siendo amabilísimas, a la poquedad humana le «espantan», le llenan de «temor». Seguramente, algo *análogo*, a pesar de su santidad eximia, sucedió a José ante el misterio maravilloso de la Encarnación del Verbo en María: la experiencia profunda e insólita de su radical indignidad. Algo bueno para que meditemos largamente y agradezcamos el velo que por ahora Dios tiende sobre su Rostro y sus más grandes maravillas. Ya llegará la hora, si somos fieles, de verle cara a cara con la elevación última de nuestras potencias.

La paternidad de San José

Ahora bien, ¿la paternidad de José fue meramente legal? Evidentemente fue mucho más que «legal», «putativa» o «adoptiva». Juan Pablo II dice que en José «se reflejó más plenamente que en todos los padres terrenos *la paternidad de Dios mismo*» [14]. Con sobria y densa elocuencia, nos lo había presentado San Mateo al decir: «José, esposo de María, de la cual nació Cristo» (Mt 1, 16). Es el mismo Padre Dios quien elige para su Unigénito un padre humano virgen. José, obviamente, no es padre así como la Virgen es Madre. Pero lo es en un sentido muy real y profundo, espiritual. «¿Cómo era padre José? —se pregunta San Agustín—. Tanto más profundamente padre, cuanto más casta fue su paternidad» Y añade: «A José no sólo se le debe el nombre de padre, sino que se le debe más que a otro alguno» [15]. Salvada la virginidad, el Padre Dios otorga a José todo lo que constituye a un hombre como padre: la cabeza y la responsabilidad, pero ante todo, lo que le confiere *el Creador de los corazones* [16]: un corazón a la medida del Hijo de Dios y de su Madre María [17]. En el Evangelio José aparece siempre como padre y cabeza de la Sagrada Familia. Impone el nombre a Jesús, recibe las órdenes del Ángel. «Construyó la casa familiar en la tierra al Verbo Eterno —así

---

[14] Juan Pablo II, *Homilía* al pueblo de Terni (19-III-1981).

[15] San Agustín, *Sermo* 51, 20. Los Padres que han tratado con mayor profundidad teológica a San José son san Agustín, san Hilario, san Jerónimo, san Cirilo, san Juan Crisóstomo, san Juan Damasceno y san Bernardo. Vd. también San Josemaría E., *El triunfo de Cristo en la humildad,* Homilía, 24-XII-1963 (en *Es Cristo que pasa*, núm. 55).

[16] *Qui finxit singilatim corda eorum,* El que forma el corazón de cada uno [*Salmo* 33 (32), 15].

[17] Juan Pablo II, RC, 8.

como María le había dado el cuerpo humano—, al extremo que el Unigénito del Padre *le estaba sujeto*»[18].

Prerrogativas de San José

José ha sido llamado por los clásicos castellanos «criador del Creador», «providencia de la Providencia», «Cuna que a Dios mece», «Brasero de amor que le calienta», «Cama blanda donde se adormece», «Árbol donde Dios se arrima y regocija», «Árbol que con su buena sombra a Dios cobija», «*Redemptor* de Jesús, liberador y salvador» (recordemos la huida a Egipto), «Descanso de Jesús y María», «Dulce refrigerio de Jesús y María», «Ángel de la guarda (de Jesús y María)», «Don de Dios», «Viceparáclito»... Pero lo más entrañable que ha oído llamarse San José es «padre» por Jesús, el Logos hecho carne.

Valga como resumen intuitivo de la dignidad de José (solo superada por la Madre de Dios) este párrafo de un autor espiritual: «Los reyes de la tierra han de inclinarse en su presencia porque él es más rey que todos ellos, puesto que gobierna al Rey de los reyes, rige la Sagrada Familia y manda al Rey del mundo. ¡Qué grande es el reino interior de Nazaret! Tiene algo de infinito (...). Rigiendo a Jesús, rige en cierto modo toda la naturaleza creada, resumida en la humanidad de Nuestro Señor (...). Es, realmente, una maravilla que José reine sobre unos seres tan superiores como Jesús y María, quienes le aventajan respectivamente según un grado infinito y según un grado que no se puede concebir. Reverenciemos

---

[18] Cfr. Juan Pablo II, *Homilía al pueblo de Terni* (19-III-1981).

las maravillas del buen Dios y no olvidemos que, habiendo sido José tan honrado por Dios, es de razón que nosotros le rindamos también un alto tributo de honor» [19].

La institución de una fiesta litúrgica específicamente dedicada a San José acontece en 1476, por Sixto IV; Inocencio VIII (1486) la eleva a mayor categoría. Gregorio XV, en 1621 la declara obligatoria para todo el orbe católico. En 1870, el Concilio Vaticano I, se plantea la proclamación de San José como «primero y principal patrono de la Iglesia universal»; el documento no puede ser firmado. Pío IX, el Papa que había proclamado el dogma de la Inmaculada Concepción, reconoce el título el 8 de diciembre de 1871.

Juan Pablo II ha dedicado a San José una Exhortación Apostólica, *Redemptoris custos* [20], en la que recoge la tradición patrística y teológica sobre San José, abriendo horizontes de estudio y meditación sobre la figura de este santo, que está, en la escala que baja del Cielo, inmediato a María, por encima de los Ángeles [21].

---

[19] R. Beringuer, *San José*, Barcelona 1932, p. 2.

[20] Juan Pablo II, Exhor. Apost. *Redemptoris custos*, 15-VIII-1989.

[21] Joaquín Ferrer Arellano ha publicado un libro titulado «*La Mediación Materna de la Inmaculada, esperanza ecuménica de la Iglesia*» (Ed. Arca de la Alianza, Madrid 2006). En esta obra se encuentra un anexo sobre «La singular participación de San José, padre virginal y mesiánico del Redentor en la obra de nuestra Redención (La inseparabilidad de los Tres de la Familia de Nazaret en el plan salvífico de Dios como trinidad de la tierra, imagen perfecta de la Trinidad del Cielo y camino de retorno de la humanidad caída hacia Ella). Este anexo abarca unas sesenta páginas. El libro tiene interesantes síntesis y conexiones teológico-filosóficas. El autor es un profundo conocedor de la doctrina tomista de la *participación* y de la *analogía,* así como autor de estudios filosóficos y jurídicos muy rigurosos sobre la *relación.* Todo ello puede resultar enriquecedor para unos y desconcertante para otros. A mi modo de ver, contiene información de interés para todos; también resultan de interés las cuestiones discutibles. Plantear «quaestiones disputatae» constituye una secular tradición en la teología católica.

San José subraya la figura esponsal del varón

Una consideración de mucho interés en nuestro tiempo: la figura evangélica de San José nos sitúa ante la función «esponsal» del varón en la familia humana: no se reduce su función a la mera sexualidad, sino que al cuerpo varonil se le adjudican aquellas misiones y tareas más directamente relacionadas con sus cualidades, sin que necesariamente entre la función estrictamente sexual. Esas cualidades son, poco más o menos, las de proteger a la familia; representarla jurídica y socialmente; ganar el sustento; educar a los hijos y, en aquella época, darles la formación en un oficio, normalmente el mismo que se transmite de padres a hijos; ofrecer el brazo fuerte y el corazón magnánimo para enfrentarse a las dificultades de la la vida... Todos estos cometidos los ejercitó San José como cualquier buen padre de familia y esposo. Y tal como nos lo presentan los Evangelios —y como fue en la realidad—, para llevar a cabo esas funciones se necesitaba la personalidad varonil —cuerpo y espíritu— del hombre y esposo José[22]. Concluyamos esta breve introducción a la Mariología, con unas palabras significativas de San Josemaría Escrivá, quien tanto ha contribuido en nuestro tiempo a difundir en el mundo la devoción a San José: «Trato de llegar a la Trinidad del Cielo por esa otra trinidad de la tierra: Jesús, María y José. Están como más asequibles. Jesús, que es *perfectus Deus y perfectus Homo*. María, que es una mujer, la más pura criatura, la más grande: más que Ella, sólo Dios. Y José, que está in-

---

[22] José María Casciaro, *Encarnación del Verbo y corporalidad humana*, Scripta Theológica, (18/3) IX-XII 1986, pp. 7-65-769.

mediato a María: limpio, varonil, prudente, entero. ¡Oh, Dios mío! ¡Qué modelos! Sólo con mirar, entran ganas de morirse de pena: porque, Señor, me he portado tan mal... No he sabido acomodarme a las circunstancias, divinizarme. Y tú me dabas los medios: y me los das, y me los seguirás dando..., porque a lo divino hemos de vivir humanamente en la tierra». / «San José, que no te puedo separar de Jesús y de María, San José, por el que he tenido siempre devoción pero comprendo que debo amarte cada día más y proclamarlo a los cuatro vientos (...) San José, nuestro Padre y Señor, intercede por nosotros»[23].

---

[23] San Josemaría Escrivá, citado por S. Bernal, *Apuntes sobre la vida del Fundador del Opus Dei*, Ed. Rialp, 6ª ed., Madrid, 1980, p. 360.

BIBLIOGRAFÍA

Benedicto XVI, Intervención en el *Angelus*, 8.XII.2006.

Benedicto XVI, *Homilía en la Plaza del santuario mariano de Altötting*, 11-IX-2006.

Benedicto XVI, *Carta a la Conferencia Episcopal Española con motivo de la peregrinación nacional al Santuario de Nuestra Señora del Pilar de Zaragoza*, Vaticano, 19-V-2005.

Benedicto XVI, *Angelus*, Castelgandolfo, 15-VIII-2006

Catecismo de la Iglesia Católica, Madrid 1992.

Concilio Vaticano II, Const. *Lumen Gentium*, cap. VIII, 21-XI-1964.

Juan Pablo, II, Encíclica *Redemptoris Mater*, 25-III-1987.

Juan Pablo II, Exhortación Apostólica *Redemptoris custos*, 15-VIII-1989.

Juan Pablo II, *La Virgen María*, Ed. Palabra, Madrid 1998.

León XIII, Enc. *Magnae Dei Matris*, 8-IX-1892.

León XIII, Enc. *Augustissimae Virginis*, ASS 30, 129.

Pablo VI, Enc. *Mense mayo*, 29-IV-1965.

Pablo VI, Exhortación Apostólica *Marialis cultus*, 2-II-1974.

Pablo VI, Exhortación Apostólica *Signum magnum*, 13-V-1967.

Pío IX, Bula dogmática *Ineffabilis Deus*, 8-XII-1854.

Pío XI, Enc. *Lux veritatis*, 25-XII-1931.

Pío XII, Enc. Bulla *Munificentissimus Deus*, 1950.

Pío XII, Enc. *Fulgens corona,* 8-IX-1953.
Pío XII, Enc. *Ad Caeli Reginam,* 11-X-1954.

Obras generales[1]

Diccionario Mariano, G. M. Roschini, Barcelona, 1964. (Obra que abarca, con rigor científico y buena bibliografía, tanto los temas mariológicos como los autores que han orientado el pensamiento y la devoción mariana).
Gran Enciclopedia Rialp, voz María. (Los artículos han sido redactados por conocidos mariólogos españoles).
Enciclopedia Mariana Postconciliar, Madrid, 1975. (Obra de investigación redactada por mariólogos españoles y extranjeros, con alguna participación de autores de confesiones no católicas, todo bajo la dirección y responsabilidad de la *Sociedad Mariológica Española.* Para especialistas).
Enciclopedia Theotócos, Madrid, 1971. (Bajo la dirección del P. Spiazzi, O. P., es muy amplia y bien fundada, con buena bibliografía del P. Bessutti, autor de la más amplía *Bibliografía Mariana,* desde el 1948 hasta 1971).

Tratados teológicos

AA. VV. *¿Quién es la Virgen María?,* Madrid, 1974. (Elaborada como un catecismo, por la Sociedad Mariológica española.)
Alastruey, G., *Tratado de la Virgen Santísima,* Madrid, 1952.
Aldama, J. A. de, *Virgo Mater,* Granada, 1963.

---

[1] Ofrecemos una bibliografía básica, en modo alguno exhaustiva. Son obras que a nuestro entender resultan útiles para profundizar en los misterios marianos.

Bastero, J. L., *María, Madre del Redentor*, Pamplona, 1995 (Manual de mariología, en sintonía con el Concilio Vaticano II, para estudiantes de Teología, seminaristas y otras personas cultas interesadas).

Garrigou-Lagrange, R., *La Madre del Salvador* (trad. Federico Declaux), Madrid, 1977. (Obra recomendada por la competencia científica, por el tono de sólida piedad con que el autor desarrolla los temas).

Merkelbach, B. E., *Mariología* (traducción y notas complementarias del P. Arenillas), Bilbao, 1954. (Mariología bien elaborada, aunque por la fecha de composición no toque suficientemente los temas eclesiológicos).

Pozo, C., *María en la obra de la salvación*, Madrid, 1974 (Estudio con abundante documentación crítica, de los dogmas fundamentales de la Mariología, situándolos en el contexto postconciliar, le faltan los tratados de la asociación de María a la Redención de Cristo como Dispensadora de las gracias y del culto y devoción a la Virgen. Lleva como apéndice el texto bilingüe «Marialis cultus», de Pablo VI).

Ponce Cuellar, M., *María, Madre del Redentor y Madre de la Iglesia*, Badajoz, 1995.

Roschini, G. M., *La Madre de Dios según la fe y la Tradición*, Madrid, 1955. (Una de las mariologías más completas y documentadas anteriores al Vaticano II).

Schmaus, M., *Teología dogmática. VIII. La Virgen María*, Madrid, 1961.

Tomás de Aquino, *Summa Theologica*, qq. XVII-XXXV, y *Expositio salutationis angelicae*. (Fuente a la que necesariamente hay que acudir para fundamentar toda seria especulación de teología mariana, aunque, naturalmente, no trata todas las cuestiones mariológicas que desarrolla la mariología posterior).

Terrien, J. B., *La Madre de Dios y de los hombres según los Padres y la Teología*, Madrid, 1942. (Obra que todavía se recomienda por el estudio de las fuentes patrísticas abuundantes y críticas).

Tratados especiales

AA. VV., *La Virgen María en el culto católico,* Salamanca, 1967. (Varios autores, bajo la dirección de Luigi della Torre, estudian diversos aspectos del culto y devoción marianos).

Deiss, L., *María, hija de Sión,* Madrid, 1967.

Dillenschneider, C., *El misterio de Nuestra Señora y nuestra devoción mariana,* Salamanca, 2.ª ed., 1965. (Interesante para el diálogo ecuménico).

Documentos Marianos, BAC 128 (Enchiridion).

Esquerda Bifet, J., *María, Madre de la Iglesia,* Bilbao, 1968 (Estudio breve, hecho con rigor científico, claridad y propósitos pastorales).

Estudios Marianos, *Mariología conciliar,* Vol. XXXI, Madrid, 1968 (Obra en colaboración de la Sociedad Mariológica Española, un excelente comentario al cap. VIII de la Const. «Lumen gentium»). *María y el Espíritu Santo.* Vol. XLI, Madrid, 1977. (Estudios de la Sociedad Mariológica Española).

Llamera, M., *Madre de Cristo y Madre de la Iglesia,* Pamplona, 1967. (Diversos estudios de los que interesa sobre todo el que dedica al conocimiento que de la divinidad de Cristo tuvo María en la Anunciación).

Nicolás, M. J., *Theotócos. El misterio de María,* Barcelona, 1967. Estudio en profundidad de los diversos dogmas marianos.

Peinador, M., *Temas de Mariología bíblica,* Madrid, 1963.

Regamey, P., *Los mejores textos sobre la Virgen María,* Madrid, 1972.

Monografías

Aldama, J. A., *Virgo Mater,* Granada, 1963.

Aldama, J. A. - Rábanos, R., *La argumentación escriturística en la Bula,* Estudios Marianos XII (1952), pp. 436.

Aldama, J. A. de, *Mariología: Sacrae Theologia Summa* t. 3, 4.ª ed., pp. 459-466; *Teología de la Asunción:* Temas de Teología Mariana, Madrid, 1966, pp. 33-52.

Aldama, J. A. de, *Los primeros comentarios de la Bula «Munificentissimus Deus»*, Estudios Eclesiásticos 25 (1951), pp. 377-380.

Aranda, Gonzalo, *La Concepción virginal de Jesús*, «Scripta Theologica», 14 (1982/3), pp. 831-846.

Balic, C., *De Assumptione Beatae Virginis Mariae*, Diakonia Písteos, Granada, 1969, pp. 185-216; *Testimonia de Assumptione Beatae Virginis Mariae ex omnibus saeculis*, Roma, 1948.

Bastero, J. L., *María en el misterio de Cristo (Redemptoris Mater, nn. 1-24)* , «Scripta Theologica» 19 (1987) 637-660.

Bastero, J. L., *Virgen singular. La reflexión teológica mariana en el siglo XX*, Ed. Rialp, Madrid 2001, pp. 179-205.

Beaufays, *La Virgen María en su marco palestiniano*, Madrid, 1941. (Recreación del entorno que, verosímilmente, vivió María).

Bertetto, D., *María en el Magisterio de Juan Pablo II*, «Scripta Theologica» 20 (1988) 129.

Bover, J. M., Cómo conciben los santos padres el misterio de la divina maternidad, Estudios Marianos VIII (1949), pp. 185-236.

Burggraf, J., *Madre de la Iglesia y mujer en la Iglesia. A propósito de la «Teología feminista»*, «Scripta Theologica» 18 (1986) 575-593.

Cabasilas, Nicolas, *Homilías sobre la Asunción*, 10, 11.

De la Potterie, I., *María en el misterio de la Alianza*, Ed. BAC, Madrid 1993.

Domínguez, O., *María asociada a Cristo en su triunfo*. Enciclopedia Mariana Postconciliar, Madrid 1975, pp. 391-394.

Ferrer Arellano, J., *La Mediación Materna de la Inmaculada*, Ed. Arca de la Alianza, Madrid 2006.

Ferrer Arellano, J., *La Persona mística de la Iglesia, esposa del nuevo Adán. Fundamentos antropológicos y mariológicos de la imagen tradicional de la Iglesia como «nueva Eva»: su valor ecuménico,* Scripta Theologica, vol. XXVII-Fasc. 3 - sept.-dic. 1995, pp. 789-864.

García Garcés, N., *María Asunta: Títulos y grandezas de María,* Madrid, 1959, pp. 383-409.

G.E.R., Voz María, II, 4.

Ibáñez, J. - Mendoza, F., *María en la Liturgia Hispana,* Pamplona, 1975.

Ibáñez, J. - Mendoza, F., en *La Madre del Redentor,* Madrid, 1980.

Llamas, E., La cooperación de María a la salvación. Nueva perspectiva después del Vaticano II, en «Scripta de Maria» 2 (1979), pp. 423-447.

Marín, H., Documentos Marianos, Madrid, 1954, núm. 809.

Monforte, Josemaría, *José de Nazaret en el Tercer Milenio cristiano. Panorama eclesial, bíblico y teológico,* Ed. EIUNSA, Madrid, 2001, cap. 11 (José de Nazaret, «Esposo» de María), pp. 279-297.

Ocáriz, Fernando, *María y la Trinidad,* en «Naturaleza, Gracia y Gloria», Ed. Eunsa, Pamplona 2000, pp. 133-155.

Polo, J., *María, Sagrario viviente del Espíritu Santo,* «Scripta Theologica», *19* (1987) 683-727.

Parente, P., *María, en el misterio de Cristo y de la Iglesia,* Madrid, 1987.

Pozo, C., *María en la obra de la Salvación,* Madrid 1974, pp. 314-324; *El dogma de la Asunción en la nueva escatología,* en Estudios Marianos XLII (1978), pp. 173-184; *La Maternidad espiritual de María,* «Scripta Theologica», 20 (1988) 185-199.

Ratzinger, Joseph, *María, Iglesia naciente,* Ed. Encuentro, Madrid 1999.

Riestra J. A., *María en la vida de la Iglesia y de los cristianos (Redemptoris Mater, nn.* 25-49) , «Scripta Theologica» 19 (1987) 661- 681.

Riestra, J. A., *El Espíritu Santo y María en el misterio de la Anunciación,* «Scripta Theologica», *25 (1993/1) 221-235.*

Rovira, G., *Las relaciones de María con la Santísima Trinidad y su libertad*, 19 (1987) 729-749.

Sauras, E., *La Asunción de la Santísima Virgen,* Valencia, 1950.

Solá, P., *La muerte de la Santísima Virgen en la Constitución Apostólica Munificentissimus Deus,* Estudios Marianos XI (1952), pp. 125-155.

Tomás de Aquino, *Summa Theol.* II-II, q. 18, a. 2. ad. 4; III q. 2, a. 8.

Lectura espiritual para todos

Alfonso M. de Ligorio, San, *Las glorias de María,* Madrid, 1977. (Libro clásico, con excelente documentación patrística y eclesial; resulta todavía atrayente y provechoso).

Alonso de Orozco, beato, *Tratado de las siete palabras de María Santísima,* Madrid, 1966.

Ansón, Francisco, *Tres milagros para el siglo XXI (Pilar, Guadalupe y Fátima),* Madrid, 1993.

Barthas, C., *La Virgen de Fátima,* 12 ed., Madrid 2004. (Exposición bien documentada de las apariciones de nuestra Señora de Fátima).

Bernardo, San, *La Virgen Madre,* Madrid, 1957.

Delclaux, Federico, *Santa María en los escritos del Beato Josemaría Escrivá de Balaguer,* Madrid, 1992.

Dobraczynski, J., *La sombra del Padre. Historia de José Nazaret,* Madrid, 1984.

Dobraczynsky, J., *Encuentros con la Señora,* Madrid, 1989.

Escartín, J. M., *Meditación del Rosario*, Madrid.

Escartín, J. M., *Devoción y amor a María, en «Camino»*, en AA. VV:, *Estudios obre «Cammino»*, 1988, pp. 319-338.

Escrivá de Balaguer San Josemaría, *Santo Rosario, Por María hacia Jesús* y *La Virgen Santa, causa de nuestra alegría*, en «Es Cristo que pasa»; *Madre de Dios, Madre nuestra*, en «Amigos de Dios», 20 ed., Madrid, 1995; *La Virgen del Pilar*, en «Libro de Aragón», Zaragoza 1976.

García Garcés, *La Virgen de nuestra fe*, Madrid, 1967. (Breves, comentarios al c. VIII de «Lumen gentium»).

Hahn, Scott , *Dios te salve, reina y madre: la madre de Dios en la palabra de Dios*, 7.ª ed., Madrid, 2007.

Herrán, L. M., *Nuestra Madre del cielo*, Madrid; *La Virgen María en nuestra fe y en nuestra vida*, Madrid.

Ibáñez, J. - Mendoza, F., *Juan Pablo II habla de la Virgen*, Pamplona, 1982.

López-Pardo, C., *El Avemaría*, Madrid, 1978.

Martínez Carazo, R., *El mes de María*, Madrid, 1991.

Moschner, F. M., *Rosa Mística* (Comentarios a las Letanías Lauretanas). Madrid, 1957.

Moya Corredor, Juan, *Imitar a María. Novena a la Inmaculada.* Madrid, 1990.

Mullins, Maurren, *Nuestra rosa*, Madrid, 1992.

Newman, Card. John H., *Rosa Mística*, Madrid, 1983.

Orozco Delclós, A., *Mirar a María*, 2.ª ed., española, Madrid, 1991.

Orozco Delclós, A., *Aprender en «Camino» el amor a la Virgen*, en AA. VV., *Estudios sobre «Camino»*, Madrid, 1988, pp. 339-358.

Pemán, J. M., *Lo que María guardaba en su corazón*, Madrid, 1967.

Ratzinger, Joseph, *Homilía en el Hegenauerpark de Ratisbona, solemnidad de la Asunción de Nuestra Señora*, 1993. En el libro *De la mano de Cristo*, Ed. Eunsa, Pamplona 2005, pp. 85-89.

Ratzinger, Joseph, «*Et incarnatus est*», en «El camino pascual», capítulo II, BAC, 2ª ed. Madrid 2005, pp. 85-89.

Ratzinger, Joseph, *Asunción de María a los Cielos*, en «De la mano de Cristo», Eunsa, Pamplona 2005, pp. 85-89.

Suárez, F., *La Virgen Nuestra Señora*. 22 ed. Madrid, 1995.

Suárez Verdaguer, F., *José, Esposo de María*, 4.ª edición, Madrid, 1990.

Williams, F. M., *Vida de la Virgen*, Barcelona, 4.ª ed., 1950.

Lectura espiritual para personas de cultura teológica

AA. VV., *La Virgen María en la Iglesia de hoy*, Madrid, 1973. (Conferencias del Congreso Nacional Mariano de Zaragoza, 1972).

Alfonso María de Ligorio, San, *Las glorias de María*. Col. Neblí, Ed. Rialp, Madrid, 1977.

Alonso de Orozco, San, *Las siete palabras que la Virgen Sacratísima Nuestra Señora habló* (a. 1556), Ed. Rialp, colecc. Neblí.

Bandera, A., *La Virgen y los Sacramentos*, Madrid, 1979; *Redención, mujer y sacerdocio*, Madrid, 1995.

De la Potterie, I., *María en el misterio de la Alianza*, Madrid, 1995.

Juan de Ávila, San, *Sermones de Nuestra Señora*. T. III de «Obras completas», BAC, 304.

Juan Damasceno, San, *Homilía II in Dormitionem B. V. Mariae*.

ESTE LIBRO, PUBLICADO POR
EDICIONES RIALP, S. A.,
MANUEL URIBE 13-15, 28033 MADRID,
SE TERMINÓ DE IMPRIMIR
EN SERVICE POINT, MADRID
EL DÍA 19 DE FEBRERO DE 2026.